知识就在得到

A
Comprehensive
Mirror
to Aid in
Government

Series.IV

资治通鉴

熊逸版

熊逸 著

第四辑 汉家隆盛 ①

Xiong Yi
Edition

新 星 出 版 社　NEW STAR PRESS

前　言

把历史经验内化为自己的心法

熊逸

感谢你翻开《资治通鉴熊逸版》（第四辑）[1]。

这项从 2021 年深秋开启的"读史大工程"[2]，不知不觉已经走到了第四个年头。这一辑，你会遇到文景之治，也将见证武皇开边，沿途风景依旧无限。

一路走下来的朋友，你还好吗？

因为对汉代历史感兴趣而加入的新读者，也欢迎你。

---

1 下文简称"第四辑"。
2 指《资治通鉴熊逸版》（第一辑）于 2021 年 11 月出版。

日光之下

《圣经·旧约》中有一篇风格奇异的《传道书》，据说是所罗门王的智慧结晶，开篇有几句话特别著名："已有的事，后必再有；已行的事，后必再行。日光之下，并无新事。"（《圣经·传道书·第一章·第九节》）

虽然在现代研究者的基本共识里，《传道书》并不是所罗门王创作的，但确实是公元前三世纪末的作品。两千多年前的人就已经发出了这样的感慨，似乎历史只是周而复始，即便不是原封不动地重复，至少也总是押在同一个韵脚上。

时至今日，关于历史的意义，人们很喜欢援引黑格尔的一句名言："人类从历史中学到的唯一教训，就是没有从历史中吸取到任何教训。"黑格尔生活的时代距离我们不过短短两个世纪。从《传道书》到黑格尔，再到我们今天对黑格尔这句名言的反复援引，可以看出，司马光编撰一部卷帙浩繁的《资治通鉴》、试图以史为鉴的努力，不过是一厢情愿的徒劳。而究其原因，似乎只是万年不变的人性而已。

然而，假如我们怀抱一点点的历史学精神，对黑格尔的这句名言追根溯源，马上就会有不一样的发现。这句话其实是个简化版，原话出自黑格尔的名著《历史哲学》的绪论部分："人们惯以历史上经验的教训，特别介绍给各君主、各政治家、各民族国家。但是经验和历史所昭示我们的，却是各民族和各政府没有从历史方面学到什么，也没有依据历史上演绎出来的法则行事。每个时代都有它特殊的环境，都具有一种个别的情况，使它的举动行事，不得不全由自己来考虑、自己来决定。当重大事变纷乘交迫的时候，一般的笼统的法则，毫无裨益。回忆过去的同样情形，也是徒劳无功。一个灰色的回忆不能抗衡'现在'的生动和自由。"（［德］黑格尔著，王造时译《历史哲学》）

哲学的历史

这段话有点令人沮丧，但我们还可以深入一步，追问一下黑格尔：这样一种对"以史为鉴"的不以为然，是要我们放弃对历史的认真感吗？

事实上并非如此。因为在黑格尔的历史观里，所有观察历史的方法被分为三类："原始的历史""反省的历史"和"哲学的历史"。黑格尔的上述批评仅仅针对其中的"反省的历史"。

在这样一套分类系统里，所谓"原始的历史"，指的是希罗多德和修昔底德这一类历史学家的著作，司马迁的《史记》在相当程度上也属于这一类——作者们观察并记录自己的时代,并且和自己时代里的大事件休戚与共。所谓"反省的历史",又可以细分为四类,但这种细分的意义并不很大,此处不再赘述。总而言之,司马光编撰的《资治通鉴》可以归于"反省的历史"这个类别之下。而黑格尔自己试图构建一种超越"原始的历史"和"反省的历史"之上的"哲学的历史"。在这种历史观里,"'理性'是世界的主宰,世界历史因此是一种合理的过程"([德]黑格尔著,王造时译《历史哲学》)。

有哲学专业研究生的背景,并且专门钻研过黑格尔哲学的人,才能对何谓"哲学的历史"略知一二,普通人注定云里雾里摸不清方向。不过没关系,我们只需要知道两件事:

一、黑格尔所谓的"理性""合理",是专门的哲学术语,背后有他一整套叠床架屋的哲学体系,完全不是我们日常话语里的含义,所以像"存在即合理"这种无数次被引用的黑格尔的名言,完全不是字面上的意义。

二、以我们今天的知识水平来看,黑格尔的哲学体系就像阿奎那[1]的神学和程朱理学一样,基本只剩下

---

1 托马斯·阿奎那(Thomas Aquinas),13世纪出生于意大利,哲学家、神学家,自然神学最早的提倡者之一。

哲学史层面的意义。我们只要当它是博物馆里美丽的陈列品来欣赏一下就好，不搞那么清楚也没关系。

换一个角度来看，我们反复援引"人类从历史中学到的唯一教训，就是没有从历史中吸取到任何教训"这句话，根据"存在即合理"的字面意义，足以说明我们真的很难从历史当中吸取教训。

历史经验

从历史当中吸取教训到底有多难呢？我们先看一则几乎每个人都学过的成语故事：朝三暮四。故事出自《庄子·齐物论》。一个养猴子的人因为经济窘迫，不得不减少猴子的口粮。他跟猴子们商量说："早晨三个橡果，晚上四个，怎么样？"猴子们气坏了，不干。他改口说："那就早晨吃四个，晚上吃三个，怎么样？"猴子们马上就开心起来了。

我们从小就知道这个故事，而且我们比猴子聪明，但又怎么样呢？我曾经看到"取消公摊"这个话题冲上网络热搜，一条条评论看得我心惊肉跳。试想一下，一套商品房按建筑面积售卖，单价一万元一平方米，总共一百平方米，总价一百万元。这套房子的公摊面积是百分之二十，如果取消了公摊，按八十平方米的套内面积来卖，总价难道会变成八十万元吗？

有评论说，物业费是按建筑面积算的，如果公摊取消，虽然房子的总价不变，但物业费的总额会降下来。真的会这样吗？市场经济的环境下，价格的决定因素既不是成本，也不是劳动必要时间，更不是卖家或买家的主观意愿，而是供需关系。所以，无论按建筑面积售卖还是按套内面积售卖，改变的只是计价方式，而不是价格。公摊只要有标准，有审查，有透明度，就可以了。消费者在买房的时候，明确知道建筑面积是多少，套内面积是多少，得房率是多少，就不难自己盘算。然而评论里甚至还有人说，保洁阿姨打扫房间是按照建筑面积收费的，取消公摊就意味着保洁费变便宜了。你会怎么看待这件事呢？如果哪一天颁布法律说，榴莲必须按果肉的重量计价，会不会人人都能实现榴莲自由呢？

这两年间，世界上虽然发生了许多轰轰烈烈的大事，但"取消公摊"以及随之而来的汹涌而欢腾的评论，依旧让我感到瞠目结舌。每每想起，都会生出一种不真实感。假如举行一场语文考试，考"朝三暮四"和"朝四暮三"这个成语故事，我相信下到小学生、上到退休的老年人，没有人会答错，然而在现实生活当中，竟然有那么多的人当真会重蹈猴子的覆辙。

看来，把书本知识——即便是像"朝三暮四"和"朝四暮三"这样简单的书本知识——内化为自己得心应手的方法论，这个过程远没有想象中容易。以至于就连我这样一个不喜欢让读书、求知带上功利目的的人，都觉得这种非功利的超脱感有点太超脱了。

我们读历史也是这样——获得"历史知识"是一回事，掌握"历史经验"是另一回事。如果只是为了获得"历史知识"，那么标准学习方法就是提纲挈领抓重点，梳理大纲领、大脉络、大因果。而如果是为了获得"历史经验"，那就不妨碎片化一些，去充分感受一个个历史现场、一个个历史人物的喜怒哀乐，跟他们一道面对问题、破解困局，跟他们一道在这些过程当中担惊受怕、如履薄冰，不必急于形成历史的大纲领、大脉络、大因果，这样也许更好一点。

武皇开边

在这一辑里，我们会继续沿着司马光编织的脉络，跨越汉文帝、汉景帝的文景之治，遇见光芒万丈的汉武帝，看大汉王朝如何克服里里外外的阻力，闯过大大小小的危机。在这个过程里，汉朝子民逐渐形成了对大汉帝国的认同感。这样一种润物细无声的变化，虽然在当时不易察觉，但当我们站在后世、用粗分辨率回顾历史的时候，自然会惊叹于它的划时代意义。

汉帝国所面对的危机和阻力，你可能已经有所了解：封建制时代，人们对领主形成认同是很自然的事，而当政权的规模膨胀了几十倍、上百倍时，绝大多数帝国子民一辈子也见不到皇帝一面，认同感究竟从何而来呢？皇帝又该使用怎样的手段，来促成臣民对自己的认同？他该怎么用道貌岸然的姿态整垮三亲六戚？怎么解决打不过又甩不脱的匈奴问题？怎么在幅员如此辽阔的疆域内统筹税赋，应对惊人的物流成本？……各种当务之急和长远之患，各种处心积虑和狗急跳墙，让我们有太多的兔子洞可以纵身一跃，去体验人生的另一种可能，在虚拟却真实的世界里过关斩将，将历史的经验内化为自己的心法。

很高兴陪你走到这套"读史大工程"的第四辑。有了之前三辑内容的积累，我想，这一辑，我们可以走快一点了——"王于兴师，修我甲兵，与子偕行"（《诗经·秦风·无衣》）。

我有点等不及了，咱们这就出发吧。

总目录

第一册 汉纪七

太宗孝文皇帝下

——汉文帝前十一年

001 贾谊为什么建议扩大诸侯国   005
002 晁错对匈奴问题有什么解题思路   016
003 晁错的徙民实边跟秦始皇的有什么不同   025
004 晁错建议怎么落实徙民实边   033

——汉文帝前十二年

005 汉文帝是怎么废除出入关通行证的   043
006 晁错是怎么看待粮食和金银的   050
007 汉代农民为什么那么苦   058
008 为什么汉代商人有了钱只想买地   066
009 怎样正确理解《论贵粟疏》   073

——汉文帝前十三年

010 如何理解汉文帝废除秘祝　　082

011 缇萦救父为什么是法律史大事件　　090

012 重新认识汉文帝免除农业税　　099

——汉文帝前十四年

013 冯唐是怎么为文帝献策的　　107

014 冯唐的边境策略为什么会失败　　118

——汉文帝前十五年

015 黄龙现身背后文帝的用意是什么　　126

——汉文帝前十六年至后元年

016 新垣平是怎么忽悠汉文帝的　　134

——汉文帝后二年

017 张苍罢相是怎么回事　　145

——汉文帝后三年至七年

018 汉文帝到底是个怎样的君主　　154

孝景皇帝上

——汉景帝前元年
019 汉景帝登基后做了哪几件大事 　　169

——汉景帝前二年
020 晁错穿垣案是怎么化解的 　　178
021 梁园历史上有怎样的波澜和风雅 　　188

第二册

汉纪八

孝景皇帝下

——汉景帝前三年
022 七国之乱有什么端倪 　　201
023 晁错的削藩跟贾谊有什么不同 　　211
024 刘濞和刘印是怎么结成联盟的 　　220
025 七国之乱是怎么酝酿的 　　229
026 刘濞的檄文有多少疑点 　　237
027 七国之乱是怎么开战的 　　244
028 为什么窦婴出山后局面变复杂了 　　252
029 袁盎和晁错是怎么斗法的 　　260
030 晁错是怎么被腰斩于市的 　　269
031 周亚夫是怎么成功避过伏击的 　　276
032 周亚夫为什么坚决不救援梁国 　　285

033 七国之乱为什么会失败　　　　　293
034 周丘为什么能在短时间内崛起　　301
035 齐国和赵国是怎么平定的　　　　309

——汉景帝前四年
036 七国之乱是怎么收尾的　　　　　319

——汉景帝前五年至六年
037 薄皇后是怎么被废的　　　　　　330
038 景帝的姐姐有什么如意算盘　　　340

——汉景帝前七年
039 景帝废立太子是怎么回事　　　　350

——汉景帝中元年至二年
040 如何理解汉代酷吏郅都　　　　　359
041 梁王夺嫡案是怎么发生的　　　　367
042 梁王是怎么弃卒保车的　　　　　375
043 梁王夺嫡案是怎么收场的　　　　383

——汉景帝中三年
044 周亚夫为什么反对封王信　　　　392

——汉景帝中四年至六年
045 景帝和周亚夫谁更占理　　　　　400

	046 飞将军李广是怎么华丽亮相的	409
	047 李广为什么一再"难封"	418

第三册

——汉景帝后元年
048 景帝为什么轻律法而用酷吏 427
049 景帝为什么赐周亚夫一大块肉 435

——汉景帝后二年至三年
050 司马光如何评价文景之治 446

汉纪九

世宗孝武皇帝上之上

——汉武帝建元元年
051 汉武帝继承了怎样的家庭遗产 461
052 董仲舒怎么论述天人感应 470
053 董仲舒有哪些治国方案 483
054 董仲舒怎么以天道论人世 491
055 如何理解董仲舒讲的"大一统" 498
056 窦婴和田蚡是怎么上位的 506
057 儒学是怎么在武帝朝开始复兴的 514

——汉武帝建元二年
058 刘安靠什么赢得武帝的青睐 522

059 窦太后是怎么打击儒家官僚的 530
060 武帝的初次大展宏图是怎样夭折的 539
061 武帝后宫发生了什么变故 546
062 卫子夫一家的命运是怎么改变的 554
063 武帝是怎么任人唯亲的 563

——汉武帝建元三年

064 打击诸侯王政策是怎么终结的 571
065 庄助为什么力主救援东瓯 580
066 庄助是怎样不靠虎符就调动军队的 588
067 武帝如何构建自己的参谋班底 593
068 武帝是怎样微服出行的 602
069 上林苑是怎么开始建造的 610

——汉武帝建元四年至五年

070 设置五经博士有什么重大意义 620

——汉武帝建元六年

071 田蚡是怎么得势又失宠的 629
072 征伐闽越的战争是怎么平息的 638

第四册

073 王夫之怎么理解华夏版图　　649
074 汲黯是一个什么样的人　　657

——汉武帝元光元年

075 人才察举制是怎么开始的　　665
076 李广和程不识治军有什么不同　　672

汉纪十

世宗孝武皇帝上之下

——汉武帝元光二年

077 李少君的说服术高明在哪里　　687
078 伏击匈奴的方案是怎么出台的　　696

——汉武帝元光三年

079 汉武帝为什么听任江河决口　　709
080 灌夫是怎么得罪田蚡的　　713

——汉武帝元光四年

081 窦婴和灌夫为什么会是悲剧结局　　722
082 古人为什么容易厚古薄今　　729

——汉武帝元光五年

083 汉武帝为什么不喜欢刘德搞儒学　　737

084 唐蒙是如何发现了征服南越的新路线　745

085 贵州一带是如何进入了汉朝版图　753

086 司马相如贡献了多少文化语码　759

087 《喻巴蜀檄》有什么划时代意义　769

088 司马相如是怎么让西南夷诸部归附的　776

089 《难蜀父老》如何理解汉朝和蛮夷政权的关系　784

090 汉武帝是怎么处理陈皇后巫术案的　791

091 董偃是怎么得宠又失宠的　799

092 司马相如怎么写下传世名篇　808

093 公孙弘是怎么时来运转的　815

094 公孙弘的为官智慧是什么　824

——汉武帝元光六年

095 卫青是怎么从奴隶到将军的　832

——汉武帝元朔元年

096 李广是怎么被再次启用的　842

第五册

097 汉帝国怎样对待薉貉朝鲜的归降　851

098 三位知识精英上书有什么共同点　859

099 武帝如何对待反战上书　870

——汉武帝元朔二年

100 推恩令是怎么出台的 　　　　　　879

101 主父偃对匈奴的态度为何变了 　　　887

102 汉武帝为什么放弃造阳 　　　　　　893

103 大侠郭解究竟是怎样一个人 　　　　900

104 郭解为什么会被灭族 　　　　　　　908

105 古人为什么觉得乱伦是重罪 　　　　918

106 主父偃是怎么当上齐相的 　　　　　926

107 主父偃是怎么被灭族的 　　　　　　933

——汉武帝元朔三年

108 朱买臣是如何登上历史舞台的 　　　942

109 公孙弘如何为自己的粗食麻衣辩解 　950

110 张骞通西域经历了多少波折 　　　　958

——汉武帝元朔三年至四年

111 为何说刀笔吏不可以为公卿 　　　　968

汉纪十一

世宗孝武皇帝中之上

——汉武帝元朔五年

112 公孙弘是如何布衣拜相的 　　　　　981

113 卫青是怎么打出前无古人的胜仗的 　991

114 刘安是如何一步步走向反叛的　　1001
115 刘赐的后宫发生了怎样的争斗　　1009
116 刘赐是怎么犯上作乱的　　1016

——汉武帝元朔六年
117 霍去病是怎么立功封侯的　　1024
118 汉武帝怎么给卖官开了口子　　1034

——汉武帝元狩元年
119 中国历史上的年号是怎么开始的　　1041
120 刘安和刘赐是怎么被斩尽杀绝的　　1051
121 董仲舒是怎么解读庙殿火灾的　　1059
122 如何理解武帝一朝的政治哲学　　1066

第六册

——汉武帝元狩元年至二年
123 汉武帝为什么再次启动西南夷工程　　1073
124 江都国到底出了什么大事　　1083
125 汉朝怎么应对四万匈奴归降　　1093

——汉武帝元狩二年至三年
126 金日䃅是怎么以奴隶之身上位的　　1101
127 武帝为讨伐昆明做了哪些准备　　1110

——汉武帝元狩四年

128 汉政府怎么应对国库空虚　　　　1120

129 张汤设计了哪些财政改革措施　　　1129

130 儒家为什么反对把卜式树为榜样　　1138

131 汉朝远征匈奴战果如何　　　　　　1146

132 霍去病如何取得了非凡战果　　　　1156

133 司马迁如何褒贬同时代的三位名将　1163

134 武帝为什么会逼狄山去送死　　　　1171

135 义纵和王温舒是怎样的酷吏　　　　1179

136 武帝为什么采取雷霆手段治国　　　1188

汉纪十二

世宗孝武皇帝中之下

——汉武帝元狩五年

137 为什么汉代会兴起太一神信仰　　　1201

——汉武帝元狩六年

138 霍光是怎么进入武帝视野的　　　　1212

——汉武帝元狩六年至元鼎元年

139 腹诽的罪名是怎么来的　　　　　　1222

——汉武帝元鼎二年

140 酷吏张汤是怎么获罪的　　1231

141 张汤案是怎么办的　　1240

142 张汤为什么必须死　　1248

143 承露盘是怎么成为文化语码的　　1256

144 如何评价桑弘羊的均输平准　　1265

145 盐铁政策有没有两全其美的方案　　1272

146 五铢钱是怎么一统天下的　　1280

147 汉帝国是怎么开启西域经营的　　1288

——汉武帝元鼎二年至三年

148 武帝是怎么扩大关中地理疆域的　　1297

第七册

——汉武帝元鼎四年

149 武帝为什么要祭祀汾阴　　1307

150 为什么说兒宽是个官场奇迹　　1316

——汉武帝元鼎四年至五年

151 出使南越做了哪些人才安排　　1322

152 出使南越的外交行动是怎么破产的　　1335

——汉武帝元鼎五年至六年

153 武皇开边做了哪些准备工作　　1343

154 南越政权是怎么灭亡的　　1353

155 李延年是怎么一步步上位的　　1362
156 南越事件有怎样的余波未了　　1370
157 武帝如何继续开疆拓土　　1381

——汉武帝元封元年
158 汉武帝泰山封禅是怎么举行的　　1390

汉纪十三

世宗孝武皇帝下之上

——汉武帝元封二年
159 武帝怎么终结了黄河水患　　1409
160 朝鲜人为什么突然刺杀辽东都尉涉何　　1417
161 如何理解武帝时期的西南策略　　1425

——汉武帝元封三年
162 汉军东征朝鲜的局面有多复杂　　1435
163 平定朝鲜的结局为何令人费解　　1445

——汉武帝元封四年至五年
164 乌维单于怎么和汉帝国虚与委蛇　　1454
165 武帝为什么不拘一格下诏求贤　　1464

——汉武帝元封六年
166 江都公主是怎样远嫁乌孙国的 1471
167 汉帝国的西域大外交是怎么打通的 1480

——汉武帝太初元年
168 葡萄和苜蓿是怎样传入中国的 1489
169 建章宫是怎么建起来的 1499
170 武帝为什么要西征大宛 1507

第八册

——汉武帝太初二年
171 李广利西征为何失利 1517
172 赵破奴西征为何失利 1526

——汉武帝太初三年
173 汉代的彻侯是怎样逐渐凋零的 1534
174 武帝是怎样赌上国运二次西征的 1543

——汉武帝太初四年
175 西征大宛的战损率为何如此之高 1554
176 轮台是怎样成为高频语码的 1564

——汉武帝天汉元年至二年
177 对李陵的态度经历了怎样的历史变化 1574
178 武帝是怎么对付遍地盗贼的 1588

汉纪十四

世宗孝武皇帝下之下

——汉武帝天汉三年至四年

179 武帝为什么要再次北伐匈奴　　1603

——汉武帝天汉四年至太始三年

180 李陵为什么不肯回归汉朝　　1613

——汉武帝太始三年至征和元年

181 巫蛊之祸是怎么发端的　　1623

——汉武帝征和二年

182 武帝病倒是怎么跟巫蛊联系起来的　　1634
183 江充是怎么从民间到后宫查案的　　1644
184 太子是怎么从自保走向造反的　　1652
185 武帝是怎么处理太子叛乱的　　1659

——汉武帝征和二年至三年

186 太子为什么不能按自己的喜好挑选宾客　　1669
187 李广利是怎么投降匈奴的　　1678

——汉武帝征和四年

188 《轮台诏》是武帝的悔过之书吗　　1688

189 武帝相信太子是冤枉的吗　　1699

——汉武帝后元元年
190 武帝面临怎样的继承难题　　1707

——汉武帝后元二年
191 武帝是怎么安排皇权交接的　　1717

第九册

孝昭皇帝上

汉纪十五

——汉昭帝始元元年
192 武帝遗诏封侯有什么疑点　　1735

——汉昭帝始元元年至二年
193 霍光是怎么小心翼翼辅佐昭帝的　　1745

——汉昭帝始元三年至五年
194 上官桀和霍光的权力平衡是怎么被打破的　　1755
195 隽不疑如何解决天大的伦理难题　　1765
196 如果黄衣人是真太子怎么办　　1773

——汉昭帝始元六年

197 盐铁议的双方到底在争论什么　　　　　1782

198 苏武是怎样回到汉帝国的　　　　　　　　1790

——汉昭帝始元六年至元凤元年

199 李陵为什么不肯归汉　　　　　　　　　　1799

200 扳倒霍光的阴谋是怎么破产的　　　　　　1810

——汉昭帝元凤元年至三年

201 御史大夫王訢是怎么上位的　　　　　　　1820

202 为什么说汉代正在重回秦律路线　　　　　1829

203 霍光是怎么处理乌桓造反的　　　　　　　1838

——汉昭帝元凤四年

204 傅介子为什么申请刺杀龟兹王　　　　　　1847

——汉昭帝元凤四年至六年

205 傅介子是怎么成功刺杀楼兰王的　　　　　1856

附录

206 汉宣帝为什么能顺畅地行使皇权　　1873
207 如何从开疆拓土的角度看历史　　1880
208 独尊儒术的汉代为什么遍地酷吏　　1888
209 为什么武帝用人可以不拘一格　　1894
210 为什么赋成了汉代文学的主流　　1901

汉纪七

公元前169年至公元前155年

太宗孝文皇帝下

汉文帝[1]前十一年

---- 001 ----

贾谊为什么建议扩大诸侯国

这一辑的内容从《资治通鉴》第十五卷开始。它是"汉纪"的第七篇,跨越十五年,也是汉文帝生涯下半场的开端。

原文:

起玄黓涒滩,尽柔兆阉茂,凡十五年。

我们读《资治通鉴》到现在,可以有一个很基础

---
[1] 本辑目录和标题中所提及的皇帝名称均采用全号的简写形式。例如,汉太宗孝文皇帝简写为汉文帝,汉世宗孝武皇帝简写为汉武帝。

的判断：每一卷的篇幅差不多，跨越的时间越短，就说明大事件越频繁。之前第八、九、十卷各自只讲了两年的历史，第十一卷稍微长了一点，但也不过三年，那正是秦朝灭亡、楚汉相争的乱世。眼下一卷横跨十五年，没的说，天下太平了。通过这一小小细节，我们可以最直观地感受到文景之治的样子。

本卷起始于汉文帝前十一年（前169年），这一年里称得上国家大事的，总共只有三件：

一、汉文帝到自己当年的封国所在地转了一圈。

二、梁王刘揖死了。

三、匈奴侵扰狄道。

这三件事在《汉书·文帝纪》里只有短短三句话，但《资治通鉴》给了后两件事相当的篇幅。之所以这样安排，并不是因为事情本身，而是因为这两件事牵出了贾谊和晁错的反馈，让我们看到当时第一流的头脑是怎样见微知著、深谋远虑的。

刘揖之死

原文：

（前十一年）

冬，十一月，上行幸代；春，正月，自代还。

> 夏，六月，梁怀王揖薨，无子。

这一年过世的梁王刘揖是汉文帝的小儿子。第三辑讲过，文帝即位伊始，搞过一轮分封，首先封已故赵王刘友的小儿子刘辟彊为河间王，再封朱虚侯刘章为城阳王、东牟侯刘兴居为济北王，封完这些亲戚之后，才轮到自己的三个亲儿子：封刘武为代王，刘参为太原王，刘揖为梁王。刘武和太子刘启一母同胞，刘参和刘揖都是妾生的。[1]

《汉书》记载，梁王刘揖爱好读书学习，很受文帝偏爱，没想到遭逢意外，骑马的时候跌下来摔死了，定谥号为"怀"，所以后人称他为梁怀王。梁怀王当了十年诸侯王，却没能生下儿子，那么在他死后，梁国应该何去何从呢？（《汉书·文三王传》）

此外，梁怀王和贾谊也大有关系。当初贾谊被排挤出中央政府，千里迢迢赴任长沙王太傅。长沙王是当时硕果仅存的异姓诸侯，不但在地理上位于帝国边缘的蛮荒之地，在政治上也非常边缘化。后来"宣室求贤访逐臣，贾生才调更无伦"（［唐］李商隐《贾生》），贾谊回长安和汉文帝做了一番久违的深入沟通，

---

[1] 详见《资治通鉴熊逸版》（第三辑）第224讲。

文帝越发欣赏贾谊的才华，所以改任贾谊为梁王太傅，贴身教导梁王刘揖。

贾谊任职梁王太傅期间，文帝和他书信不断——文帝总要就国家大事征求一下贾谊的看法，贾谊也不断上书献计献策。假如贾谊可以这样顺风顺水再熬几年，把那些看不惯自己的老臣们都熬死，那他就该等来调任长安、君臣风云际会的美好时光了。偏偏造化弄人，梁怀王坠马而死，彻底改变了贾谊的命运。

作为梁王太傅，贾谊对梁怀王之死有洗不清的责任。他就算再冤，太傅的身份摆在这儿，没能把梁怀王保护好就是失职。我们可以对照一下第三辑里汉文帝在霸陵飙车的事情。当时车子刚刚加速，袁盎突然出手，牵住了文帝车马的缰绳，讲了一番"千金之子，坐不垂堂"的大道理。文帝只好收住了奔驰的心，慢慢走。[1]只要把袁盎这件事搬出来，贾谊的失职之罪就逃不脱了。

虽然文帝没治贾谊的罪，但贾谊从此自怨自艾，过不了自己心里的坎儿，没过多久就郁郁而终了。（《汉书·贾谊传》）

---

[1] 详见《资治通鉴熊逸版》（第三辑）第222讲。

贾谊上疏

梁怀王死后，贾谊在自己人生的苍凉暮色里，给汉文帝提交了一份掏心掏肺的意见书，建议扩大梁国和淮阳国的规模。

原文：

贾谊复上疏曰："陛下即不定制，如今之势，不过一传、再传，诸侯犹且人恣而不制，豪植而大强，汉法不得行矣。陛下所以为藩扞及皇太子之所恃者，唯淮阳、代二国耳。代，北边匈奴，与强敌为邻，能自完则足矣；而淮阳之比大诸侯，廑如黑子之著面，适足以饵大国，而不足以有所禁御。方今制在陛下；制国而令子适足以为饵，岂可谓工哉！臣之愚计，愿举淮南地以益淮阳，而为梁王立后，割淮阳北边二、三列城与东郡以益梁。不可者，可徙代王而都睢阳。

贾谊的意见书大约就是《新书》里的《益壤》《权重》两篇，班固编辑整理了这两篇内容，收进《汉书·贾谊传》。（王兴国《贾谊评传》）司马光又把这段内容删繁就简，编进了《资治通鉴》。

贾谊一贯主张"众建诸侯而少其力"，要把诸侯国越切越碎，以消除诸侯国对皇权的威胁，然而梁怀王一死，他却突然改弦更张，建议扩大诸侯国的规模。这两者其实并不矛盾："众建诸侯而少其力"是长治久安之计，扩大梁国和淮阳国的规模则是权宜之计。贾谊仅建议汉文帝扩大梁国和淮阳国的规模，而不是扩大所有诸侯国的规模。梁国和淮阳国之所以被区别对待，是因为一个最简单的道理：只有亲生儿子才靠得住。

地缘政治

这一时期的天下诸侯，北部有燕国、代国、河间国和赵国，东部和中部有从齐国分割出来的城阳国、济北国等，又有梁国、楚国、淮阳国，南部有吴国、淮南国、长沙国，而汉文帝亲生儿子的封国就只有代国、梁国和淮阳国。

梁怀王已经死了，而且没有继承人，如果梁国因此被取消，那汉文帝真正能够安心倚仗的诸侯国就只剩下代国和淮阳国了。代国北境与匈奴接壤，自顾尚且不暇，帮不上朝廷多大忙；而淮阳国面积太小，实力太弱，就像一块可口的小点心，只会引起强邻的贪欲，无法对其他诸侯形成制约。即使在汉文帝时代还可以保持局面的和平，但等到太子继位，那些血缘关系已经疏远的诸侯王正值年富力强，一旦他们动了歪心眼儿，凭代国和淮阳国的微薄实力，就算再怎么想帮朝廷，它们也注定有心无力。

虽然除了长沙国之外，天下诸侯王都姓刘，但亲戚关系的天然法则是"一代亲，二代表，三代四代认不了"。周朝就是前车之鉴——秦国论起来跟周天子和六国诸侯还沾亲带故呢。所以，站在汉文帝的角度，要想彻底消除政权隐患，就必须"众建诸侯而少其力"；如果一时做不到，就需要首先保障父子两代人的平安，让仅有的几个亲生儿子壮大实力，强大到足以制衡三代四代的远房亲戚。至于汉文帝的这几个亲生儿子在繁衍几代之后，会不会成为汉王朝的威胁，不是当务之急，不妨留到今后慢慢想办法。

再来盘点一下汉文帝的这几个亲生骨肉：窦皇后育有刘启和刘武，不知名的妾育有刘参和刘揖，满打满算只有四个男丁。这四个男孩子里，太子刘启是皇位的继承人，刘启的同母兄弟刘武是刘启最亲近的骨肉，刘参和刘揖虽然疏远一些，但好歹也是刘启的同父异母兄弟。如今刘揖死于意外，能胜任一国诸侯的皇子就只剩下刘武和刘参两个了，如果不给他们广土众民的封国，等汉文帝百年之后，他们的封国转眼间就可能被那些亲戚们瓜分，刘启的皇位自然也就坐不稳了。

原文：

梁起于新郪而北著之河，淮阳包陈而南捷之江，则大诸侯之有异心者破胆而不敢谋。梁足以扞齐、赵，淮阳足以禁吴、楚，陛下高枕，终无山东之忧矣，此二世之利也。当今恬然，适遇诸侯之皆少；数岁之后，陛下且见之矣。夫秦日夜苦心劳力以除六国之祸；今陛下力制天下，颐指如意，高拱以成六国之祸，难以言智。苟身无事，畜乱，宿祸，孰视而不定；万年之后，传之老母、弱子，将使不宁，不可谓仁。"

从地缘政治的角度来看，梁国如果得到扩张，就足以抗拒齐国和赵国，淮阳国如果得到扩张，就足以制衡吴国和楚国。这样一来，用贾谊的话说，就是"陛下高枕，终无山东之忧矣"。这句话特别能够说明当时大汉帝国的政治格局：真正的"汉"并不是一个广土众民的帝国概念，汉王国在关东诸侯眼中只是一个级别略高的王国而已。汉王国真正可以控制的地区只有关中核心区和关外不多的地方，关东诸侯不但是一个个独立的王国，而且都是汉王国潜在的敌人。敌人的威胁迫在眉睫，因此汉王国的当务之急就是大力扶植自己人，左看右看，能够扶植起来的就只有刘武和刘参。

改封梁王

原文：

帝于是从谊计，徙淮阳王武为梁王，北界泰山，西至高阳，得大县四十余城。后岁余，贾谊亦死，死时年三十三矣。

问题就是这么生死攸关，所以这一次，汉文帝认真采纳了贾谊的意见，将刘武改封为梁王，并且拓展梁国国土，使梁国成为一个统辖四十多座大城的大国。若干年后，"七国之乱"爆发，梁王刘武果然在平定诸侯的过程中起到了中流砥柱的作用。

但不知道为什么，刘参仍然就任代王。原本贾谊的计划是扩大梁国版图，以刘参为梁王；扩大淮阳国版图，以刘武为淮阳王。也许是知子莫如父的缘故，汉文帝采纳了贾谊的思路，但在具体方案上做出了自己的调整，又或者是因为夫妻关系问题，不能给妾生的儿子太多优待。

现在，有刘武统辖梁国、刘参统辖代国，汉帝国的北部和东部算是可以高枕无忧了，但南部的隐患还没有消除。吴国和楚国都是贾谊重点担心的对象，所以他才给出扩容淮阳国的提案，使淮阳国对吴、楚两国形成封锁。如此关键的策略，汉文帝为什么置之不理呢？我们很容易想到，既然淮阳国和梁国接壤，刘武原本是淮阳王，那么，会不会在刘武改封梁王之后，原先的淮阳国并入了梁国呢？

改封淮南王

原文：

徙城阳王喜为淮南王。

史料并没有明确记载，但《史记》给出了隐约的线索，说淮阳国"徙梁，为郡"（《史记·汉兴以来诸侯王年表》），淮阳国被改置为中央政府的直辖郡县。但《汉书》似乎又透露出淮阳国并入梁国的信息，说"壤子王梁、代，益以淮阳"（《汉书·邹阳传》）。同一时间，汉文帝还做了一个奇怪的安排：将城阳王刘喜改封为淮南王。刘喜是齐王刘肥的孙子、刘章的儿子，怎么突然间换了封地呢？原因已经无从查考。不过刘喜在四年之后又返回了城阳国，后来"七国之乱"爆发的时候，他完全没有表现出像父亲刘章一样的勃勃野心，而是在叛乱者的盛情邀约之下保持了高度的克制。

这些事情往宏大了说，是煌煌帝国的顶层设计；往朴素了说，不过就是一群亲戚争家产、互相算计而已。

在文帝前十一年（前169年），贾谊贡献了自己人生中最后的政治智慧，第二年他就英年早逝了。"人事有代谢，往来成古今"，贾谊的时代结束了，晁错的时代马上就要到来。

002

晁错对匈奴问题有什么解题思路

原文：

匈奴寇狄道。

文帝前十一年（前169年）还有一起大事件，就是匈奴入侵狄道。

第三辑讲过，狄道大约位于长安西北四五百公里的地方，也就是今天的甘肃临洮，正处在秦昭襄王时代的长城防线西段。匈奴一旦在这里取得突破之后长驱直入，很快就可以兵临长安城下。[1]

匈奴已经对这里发动过好几次侵扰，这一回应该又是老套路，抢一票就走。对此，汉帝国已经见怪不怪了。这一次的入侵狄道看来也没有造成多大的伤害，所以史书上只是一笔带过。《资治通鉴》之所以做下记

---

[1] 详见《资治通鉴熊逸版》（第三辑）第193讲。

录，重点是借这件事带出晁错这个人。

晁错其人

贾谊的时代结束了，晁错的时代开始了。

贾谊文章漂亮，见地深刻，晁错也不遑多让。后人编选古文经典篇目，晁错和贾谊的文章都很难被遗漏。然而，当初司马迁记录晁错的事迹，把他和他的死对头袁盎合为了一篇传记，即《史记》里的《袁盎晁错列传》，着墨的重点是袁盎和晁错如何明争暗斗，故事性特别强，但晁错的文章一篇都没有摘选。后来班固编修《汉书》，虽然还是让晁错和袁盎合传，但终于把晁错的重要政论补了进去。从这个角度来看，《史记》的可读性更强，《汉书》虽然有点烦冗，但在资料方面齐备得多，《资治通鉴》收录的晁错文章就是从《汉书》节选来的。

晁错是中原人士，年轻的时候学过申不害和商鞅的法家学说，后来又受政府委派，到济南学习《尚书》。晁错学习《尚书》是儒学史上的一桩大事，不过，晁错的思想底色到底还是法家。晁错学成归来，被安排在太子刘启身边做官。刘启特别喜欢晁错，称他为"智囊"。（《史记·袁盎晁错列传》）

晁错大概算是历史上的第二位智囊，第一位是秦国的樗里子。后来还有曹魏名臣桓范，站在曹爽阵营，是和司马懿斗智的主心骨，再有就是西晋名臣杜预。[1] 不出意外的话，这个时期的晁错已经可以清楚地看到自己将来的平步青云了——等太子当了皇帝，他注定是皇帝最倚重的亲信大臣。

《言兵事疏》

就在匈奴侵扰狄道的这一年，三十出头的晁错向汉文帝献计献策，这篇文章后来被取名为《言兵事疏》。虽然是书生谈兵，毫无实战经验，但晁错提出了一个特别经典的思路，原话是"以蛮夷攻蛮夷，中国之形也"。这就是古典版的"以夷制夷"。

原文：

时匈奴数为边患，太子家令颍川晁错上言兵事曰："兵法曰：'有必胜之将，无必胜之民。'繇此观之，安边境，立功名，在于良将，不可不择也。

"臣又闻：用兵临战合刃之急者三，一曰得地形，二

---

[1] 详见《资治通鉴熊逸版》（第二辑）第012讲。

日卒服习，三曰器用利。兵法，步兵、车骑、弓弩、长戟、矛铤、剑盾之地，各有所宜；不得其宜者，或十不当一。士不选练，卒不服习，起居不精，动静不集，趋利弗及，避难不毕，前击后解，与金鼓之指相失，此不习勒卒之过也，百不当十。兵不完利，与空手同；甲不坚密，与袒裼同；弩不可以及远，与短兵同；射不能中，与无矢同；中不能入，与无镞同。此将不省兵之祸也，五不当一。故兵法曰：'器械不利，以其卒予敌也；卒不可用，以其将予敌也；将不知兵，以其主予敌也；君不择将，以其国予敌也。'四者，兵之至要也。

"臣又闻：小大异形，强弱异势，险易异备。夫卑身以事强，小国之形也；合小以攻大，敌国之形也；以蛮夷攻蛮夷，中国之形也。今匈奴地形、技艺与中国异：上下山阪，出入溪涧，中国之马弗与也；险道倾仄，且驰且射，中国之骑弗与也；风雨罢劳，饥渴不困，中国之人弗与也：此匈奴之长技也。若夫平原、易地，轻车、突骑，则匈奴之众易桡乱也；劲弩、长戟，射疏、及远，则匈奴之弓弗能格也；坚甲、利刃，长短相杂，游弩往来，什伍俱前，则匈奴之兵弗能当也；材官驺发，矢道同的，则匈奴之革笥、木荐弗能支也；下马地斗，剑戟相接，去就相薄，则匈奴之足弗能给也：此中国之长技也。以此观之：匈奴之长技三，中国之长技五；陛下又兴数十万之众以诛数万之匈奴，众寡之计，以一击十之术也。

"虽然，兵，凶器；战，危事也；故以大为小，以强为弱，在俯仰之间耳。夫以人之死争胜，跌而不振，则悔之无及也；帝王之道，出于万全。今降胡、义渠、蛮夷之属来归谊者，其众数千，饮食、长技与匈奴同。赐之坚甲、絮衣、劲弓、利矢，益以边郡之良骑，令明将能知其习俗、和辑其心者，以陛下之明约将之。即有险阻，以此当之；平地通道，则以轻车、材官制之；两军相为表里，各用其长技，衡加之以众，此万全之术也。"

之所以要搞"以夷制夷"，首要原因是敌我双方有不同的优势和劣势。晁错总结道："匈奴之长技三，中国之长技五。""长技"就是优势。大体而言，匈奴擅长骑射，擅长在恶劣地形作战，耐力超常；中原军队擅长平原作战，并且武器精良。双方的优势和劣势既然清楚了，那么汉帝国的作战部队就可以分成两部分：平原作战沿用传统打法，以己之长攻敌之短；而在险阻地区作战，就必须"以夷制夷"，把那些归降汉帝国的蛮夷部落组织成军队，发给他们军需物资，从他们当中选拔他们信服的将领。这些蛮夷，诸如胡人、义渠，生活习惯和匈奴人没什么不同，他们的"长技"自然也和匈奴人一样。这样一来，汉军团和外籍军团配合作战，人数上又对匈奴形成了压倒性优势，就没有打不过匈奴的道理了。

晁错的这番道理，不但是"以夷制夷"，而且是"师夷长技以制夷"。晚清学者魏源的著名口号在这里已经有了眉目。今天我们分析问题，自然而然地就会运用SWOT工具，罗列优势项、劣势项、机遇项、威胁项，然后做不同的排列组合，从比较当中找出最优策略。但这种简单明快、似乎毫无技术含量的方法，其实是古人所不具备的。我们看古人的各种上书言事，经常会嫌弃他们的思路要么不够清晰，要么不够周全。所以，晁错早在两千年前就能条分缕析地总结出"匈奴之长技三，中国之长技五"，然后组合不同的应对方式，形成最优解，无愧于"智囊"这个名号。

文帝的心思

原文：

帝嘉之，赐错书，宠答焉。

看到了晁错的策略，汉文帝有没有如获至宝，赶紧照方抓药呢？并没有，汉文帝虽然狠狠表扬了晁错一番，但委婉地拒绝了他的方案。

事实上，类似晁错的方案，在中国历史上不断行诸实践，史不绝书。效果当然有好有坏，最著名的坏典型应该就是唐朝的"安史之乱"了。不过，"安史之乱"的根源到底是"以蛮夷攻蛮夷"这个战略方针有问题，还是外重内轻的军区结构有问题，甚至只是唐玄宗老眼昏花，用人不当，很难得出结论。

以今天的眼光来看晁错的策略，其中潜伏的最大隐患其实是民族融合的问题。华夏政权接受了少数民族部落的投奔之后，如果要充分利用他们的战斗力，那就不能让他们汉化，但不汉化的话，大家终归很难变成一家人，稍有风吹草动就会反目成仇。其间的分寸到底应该怎么拿捏，实在太考验统治者的政治技巧了。

汉文帝对"以蛮夷攻蛮夷"的策略不以为然，这不能怪他眼拙——在文帝心里的政治天平上，坐稳皇位才是头等大事，虽然如今自己的皇位稳了，但儿子将来能不能继续把皇位坐稳，实在很难讲。匈奴危害再大，说到底不过就是要钱，而自己那一帮同宗同种的兄弟们却是惦记着来要命的。孰轻孰重，不问可知。

当然，匈奴问题总是要面对的，如果方案 A 操作难度大，总还有方案 B、方案 C。而且，汉文帝是中国历史上特别以虚心纳谏著称的皇帝，不管谁来提意见，不管中不中听、可不可行，他总能摆出一副认真思考的样子，还很会鼓励人、表扬人。那些提意见的人即便方案被驳回了，心里也会变得暖洋洋的，憋着下一次来贡献更好的思路。

左右为难

晁错就是这样：一个方案被搁置了，没关系，还有第二个、第三个。他接下来的这个方案，不但当时就被采纳了，而且影响深远。

晁错依旧从匈奴和汉帝国的基本特点入手分析：匈奴人来去如风，有机会就抢，没机会就跑，汉帝国的传统应对方案是在边境兴修要塞，派军队轮岗做防卫。问题就出在这儿，汉政府实行的是全民兵役制，军队一年轮调一次，老百姓的负担减轻了，但军队面对匈奴没办法积攒经验——可能刚和匈奴有了两三次小交锋，才打出一点手感，就该换岗了。匈奴每年来的都是老兵，汉政府的边防军却年年都是新兵。这样下去，汉军注定一直会被匈奴压着打。

面对这种情况，最直接的办法似乎就是延长服兵役的时间。但如果真的那么做，就会像杜甫的《兵车行》里描绘的那样"去时里正与裹头，归来头白还戍边"。就算皇帝心狠，把老百姓往死里用，对皇帝自己也没好处，因为结局就是"且如今年冬，未休关西卒。县官急索租，租税从何出"，男丁都去战场了，没人搞生产，国家财政自然也就吃紧了。

这个做法还有一个问题，就是军需物资的物流成本太高。在大运河开凿之前，中国的南北运输一直是个老大难问题，没法走水运，只能靠陆运。长途陆运运输金银珠宝还好，但运输几万大军的军粮就不一样了。《孙子兵法》特别叮嘱过"因粮于敌"的重要性：吃掉敌国的一份粮食，就相当于省掉了从本国运来二十份粮食的成本。[1] 但问题是，军队深入敌境可以"因粮于敌"，防卫边疆根本就不存在"因粮于敌"这个选项——即便是打进匈奴的地盘，在游牧民族的部落也不可能抢到多少粮食。

防御匈奴就是这么难，左有左的不是，右有右的不是。虽然有和亲政策，但是作用有限。这倒不怪匈奴单于不讲武德，出尔反尔，而是要怪匈奴的组织结构——单于根本做不到对全部族人令行禁止，就算他全心全意想做汉朝皇帝的乖女婿，也约束不住所有大大小小的匈奴部族。汉帝国和亲搞得好，虽然可以避免匈奴的大举进犯，但依然免不了时不时的局部骚扰。

---

1 详见《资治通鉴熊逸版》（第一辑）第022讲。

003

晁错的徙民实边跟秦始皇的有什么不同

原文：

错又上言曰："臣闻秦起兵而攻胡、粤者，非以卫边地而救民死也，贪戾而欲广大也，故功未立而天下乱。且夫起兵而不知其势，战则为人禽，屯则卒积死。夫胡、貉之人，其性耐寒；扬、粤之人，其性耐暑。秦之戍卒不耐其水土，戍者死于边，输者偾于道。秦民见行，如往弃市，因以谪发之，名曰：'谪戍'；先发吏有谪及赘婿、贾人，后以尝有市籍者，又后以大父母、父母尝有市籍者，后入闾取其左。发之不顺，行者愤怨，有万死之害而亡铢两之报，死事之后，不得一算之复，天下明知祸烈及己也。陈胜行戍，至于大泽，为天下先倡，天下从之如流水者，秦以威劫而行之敝也。

"胡人衣食之业，不著于地，其势易以扰乱边境。往来转徙，时至时去，此胡人之生业，而中国之所以离南亩也。今胡人数转牧、行猎于塞下，以候备塞之卒，卒少则入。

陛下不救，则边民绝望而有降敌之心；救之，少发则不足，多发，远县才至，则胡又已去。聚而不罢，为费甚大；罢之，则胡复入。如此连年，则中国贫苦而民不安矣。陛下幸忧边境，遣将吏发卒以治塞，甚大惠也。然今远方之卒守塞，一岁而更，不知胡人之能。不如选常居者家室田作，且以备之，以便为之高城深堑。要害之处，通川之道，调立城邑，毋下千家。先为室屋，具田器，乃募民，免罪，拜爵，复其家，予冬夏衣、廪食，能自给而止。塞下之民，禄利不厚，不可使久居危难之地。"

晁错认为，预防匈奴进犯的办法就是"徙民实边"——把内地的老百姓迁徙到边境地带，给他们配备生产资料和生活资料，让他们扎根当地，生儿育女，就近抵御匈奴。

这种策略有点像现代工业社会里把工厂建在原料产地。首先，边疆只要有了足够规模的常驻民，就可以自给自足，让政府卸下物流成本这副重担，再也不用千里迢迢走陆路运送军粮；其次，常驻民只要聚居在一起——按晁错的规划是每座城里都要有千家以上的住户——再配上城防工事，就完全具备了自保能力；再次，常驻民抵抗匈奴是保卫家园，战斗意志一定远胜于年年轮调的边防军。等时间一久，常驻民对匈奴的作战经验值就会越积越高,打起仗来驾轻就熟。而且,"打虎亲兄弟,上阵父子兵",常驻民的协作能力和抗压能力同样不是传统的边防军能比的。

这套道理看起来确实很漂亮,但农耕文明安土重迁,谁愿意背井离乡,世世代代住在危险的边疆呢?晁错当然想得到这一点,应对的方案也很简单:给足优惠政策。由政府负责造大城,修新房,给良田,有罪的赦罪,无罪的赐爵,生产资料和生活资料重新分配发放,并给足免税年限,就不信老百姓不动心。

与秦撇清关系

晁错的方案真正存在的问题,其实现代人不容易想到,那就是"徙民实边"这件事并不新鲜,秦始皇早就干过。晁错最容易面临的责难是:假如这套方案可行,秦朝怎么就二世而亡了呢?正因为秦朝倒行逆施,才有了汉朝拨乱反正,怎么拨乱反正的人反而要学倒行逆施那一套呢?

第二辑讲过,秦始皇把内地的三万户人口迁到了北方和匈奴接壤的地带,这种事当然十分招人恨。大概是为了补偿这些移民,秦始皇给他们整体提升了一级爵位。[1] 南征百越的时候，秦始皇也搞过这一手，迁徙中原百姓到新设立的广西、南海、桂林三郡，但其政治意图似乎并不是用常驻民防守帝国的南部边疆，而是让中原百姓和百越人民混居，实现文化融合。[2]

前车之覆，后车之鉴。晁错要想让自己这一套"徙民实边"的方案站得住脚，首先就需要和秦始皇的暴政撇清关系。晁错绝顶聪明，文章的第一句话就已经在做这件事了。他长篇大论，说秦始皇北伐匈奴，南征百越，并不是为了保境安民，而仅仅是为了满足一己的贪婪，各种安排都没有考虑百姓的死活，因此搞得民怨沸腾，以至于版图之内出现了一团小小的火苗，马上就烧起了燎原大火。

后人给晁错这篇奏疏取了一个标题，叫《守边劝农疏》。我们如果看古文选本，会很难理解为什么晁错不是开宗明义，而是絮絮叨叨好半天去抨击秦始皇。不怪晁错词不达意，在当时的政治环境之下，要提"徙民实边"的建议，就必须在第一时间跟秦始皇撇清关系，不然的话，政治立场站错了，政治方案也就没得谈了。更何况晁错本来就有法家的学术背景，一旦

---

[1] 详见《资治通鉴熊逸版》（第二辑）第253讲。

[2] 详见《资治通鉴熊逸版》（第二辑）第245讲。

被人扣上为暴秦翻案的大帽子,那真是跳进黄河也洗不清了。不过平心而论,晁错抨击秦始皇,并没有说到点子上。秦始皇之所以开疆拓土,是因为商鞅变法以来,秦政权以军国主义立国,战争变成了推动国家运转的发动机,一旦开动就停不下来,而在秦国吞并天下,规模突破了临界值之后,老皇历应付不来新世界,所以"徙民实边"政策注定会走向失败。

本质区别

同样是"徙民实边",晁错强调,自己的策略与秦始皇的策略有两点不同。其一,两者的出发点不同:秦始皇是为了满足一己之私,是苛政;我们大汉帝国是为了保境安民,是善政。其二,实操层面也有区别:动员那么多人背井离乡,秦朝的办法是威逼,我们汉朝的办法必须反过来,利诱。只要在边防关键地带兴建大城,城防硬件过硬,良田美宅免费给,赦罪赐爵免除赋税,肯定不愁没人来。

但是,大家来了之后,如果发现无利可图,或者利益不够丰厚,当然就不愿意久住。这时候就需要更强有力的利诱政策了。

原文：

胡人入驱而能止其所驱者，以其半予之，县官为赎。其民如是，则邑里相救助，赴胡不避死。非以德上也，欲全亲戚而利其财也。此与东方之戍卒不习地势而心畏胡者功相万也。以陛下之时，徙民实边，使远方无屯戍之事，塞下之民，父子相保，无系虏之患；利施后世，名称圣明，其与秦之行怨民，相去远矣。

晁错提出，如果匈奴过来抢劫，有人要是能把被抢走的东西抢回来，就有权分走一半作为赏金。这个方案乍听起来合理，但我们不妨假想一个情景：你的钱包被强盗抢走了，邻居冲出来赶跑了强盗，夺回了你的钱包，然后他从钱包里取走了一半的钱，还给你剩下一半。虽然从道理上讲，如果邻居不出手，你连这些钱都保不住，或者纯粹做一个数学计算，你的钱包里一共有一百元钱，被强盗抢走之后，你的财富变成了零元，邻居赶跑了强盗，就算只给你一元，你也净赚了一元，而邻居有情有义，竟然给了你五十元，你应该对邻居感激涕零才对。然而，正常人不会这样想问题，因为在他的心理账户中，这一百元即便都被强盗抢走了，也是属于自己的，现在邻居拿走了五十元，邻里关系就不好处了。就算当场不发作，他心里也会有疙瘩，以后遇到困难的时候，可就做不到出入相友、守望相助了。

晁错虽然没学过"心理账户"这种现代概念，但这并不妨碍他通晓这个概念背后的人情世故。所以晁错提议，由政府来补贴失主的损失。然而我们知道，匈奴搞抢劫，不仅仅是掠夺牛羊，还要掠夺人口。如果边境汉民夺回了匈奴的战利品，按晁错规定的赏格拿走一半牛羊，政府把这一半的牛羊作价补贴给失主，可以操作，但抢回来的人口该怎么算，今天已经搞不清了。因句读方式不同，这句古文可以解释为凡是抢回来的，就按上述方案各拿一半；也可以解释成牛羊之类的财物各拿一半，但政府出钱赎回人口。究竟应该怎么理解，古代注释家各执一词，现代标点本也各有判断，莫衷一是。我们就不抠细节，只观其大略好了。

总而言之，晁错想达到的效果，就是让这些边疆移民对生产、生活和作战都有自动自发的积极性，而这种积极性既非来自感念皇恩，也非来自无私爱国，而是来自保护亲友和贪图财货的私心。人人扔开道德，竞逐私利，其结果是促成了保境安民的伟大公益，这样想想，很有亚当·斯密的腔调。

方案破绽

原文：

上从其言，募民徙塞下。

这套方案马上就被汉文帝欣然采纳了。我们今天复盘，也会觉得它逻辑自洽，可行性强，只要正常操作下去，不难实现长治久安的目标。但问题是在晁错以后，一直到晚清，"徙民实边"的建议声不绝于耳，显然它并没有成为一项具有稳定性的基本国策。这只能说明一件事：方案存在严重破绽。

道理其实一点就透：一旦"徙民实边"政策被贯彻下去了，边境大城里的常驻民不但可以自给自足，还会结成"打虎亲兄弟，上阵父子兵"的紧密关系，战斗经验值也会越积越高。这样一来，他们对中央政府的依赖度就约等于零了。更要命的是，大城与大城之间还很容易结成联盟关系。他们不但防得住匈奴，也防得住中央政府。晁错一心想为政府减负，却忽略了减负的同时，依存关系也减弱了。越到后来，统治者就越发意识到这个问题，宁可财政负担重，物流成本高，甚至战斗力差，也不能让军队和军区自给自足。

004
晁错建议怎么落实徙民实边

晁错上书建议"徙民实边"后，汉文帝欣然采纳。接下来，他又上了一份奏疏，后人为其拟定标题，叫作《复言募民徙塞下》或《论募民徙塞下书》，我们可以简单理解为：关于"徙民实边"政策的几点补充意见。

在开始本讲内容之前，我们有必要先听听历史学家许倬云的意见。

许倬云先生有一部书《从历史看组织》，解说历朝历代的组织制度和管理经验，其中谈到汉文帝时代的匈奴问题和晁错的策略，是这样讲的："汉朝政府既须防卫边疆，又须顾及国家庞大的军备负担，如何在两者之间求取最经济而又有效的方法，也是汉朝政府必须面对的难题。《资治通鉴》卷十五记载，晁错在文帝十一及十二年，曾两次建言，可以在边疆上建立专业的防卫力量，以国家公地放领的方式，吸引一批人志愿在边疆守卫，并且可以自己耕种养活自己——这是军事屯田。同时，奖励商人运送粮食物资到边疆，以达到降低成本防卫边疆的功效。这种策略，是创造条件，不花本钱，使人民志愿为国家做事。但是要让这批人能安心地屯田居住，政府也必须先下一点本钱建镇、盖房子、派医生，让屯田户可以安安心心地过日子。"

《复言募民徙塞下》

许倬云先生提到的晁错的两次建言，第一次是《守边劝农疏》，第二次就是刚才提到的《复言募民徙塞下》。

原文：

错复言："陛下幸募民徙以实塞下，使屯戍之事益省，输将之费益寡，甚大惠也。下吏诚能称厚惠，奉明法，存恤所徙之老弱，善遇其壮士，和辑其心而勿侵刻，使先至者安乐而不思故乡，则贫民相慕而劝往矣。臣闻古之徙民者，相其阴阳之和，尝其水泉之味，然后营邑、立城，制里、割宅，先为筑室家，置器物焉，民至有所居，作有所用。此民所以轻去故乡而劝之新邑也。为置医、巫以救疾病，以修祭祀，男女有昏，生死相恤，坟墓相从，种树畜长，室屋完安，此所以使民乐其处而有长居之心也。

"臣又闻古之制边县以备敌也，使五家为伍，伍有长，十长一里，里有假士，四里一连，连有假五百，十连一邑，邑有假候，皆择其邑之贤材有护、习地形、知民心者；居则习民于射法，出则教民于应敌。故卒伍成于内，则军政定于外。服习以成，勿令迁徙，幼则同游，长则共事。夜战声相知，则足以相救；昼战目相见，则足以相识；欢爱之心，足以相死。如此而劝以厚赏，威以重罚，则前死不还踵矣。所徙之民非壮有材者，但费衣粮，不可用也；虽有材力，不得良吏，犹亡功也。"

《守边劝农疏》已经被汉文帝付诸实践，也真的有大批内地百姓受到利诱，甘愿背井离乡，迁徙到边境大城。人到位了，但屯田的成效至少要等上一年，当务之急是政府赶紧再出一点本钱，让第一批移民在第一时间安顿下来，吃好住好，切不可让这些人心存疑虑，首鼠两端。不如此则不足以吸引仿效者。

晁错考虑得特别周到，说政府首先要确保各种硬件设施到位，让移民一落脚就有家可以住，有工作可以上手。除此之外，政府还要为新城配备医生和巫师，方便移民们治病、祭祀，还要鼓励移民们谈婚论嫁，生儿育女。一言以蔽之，要让边境新城迅速形成一个可以自给自足、自生自养的新区。只要移民的生活稳定下来，一切就好办了。城里的孩子们从小在一起玩要，长大后成为工作和战斗的伙伴，他们协同作战的能力将远超兵役制度下的军队。身边的战友都是发小、铁哥们儿，打起仗来就不难为对方拼命。在这个基础上，如果再以重赏和重罚作为辅助手段，他们自然就会"死不还踵"，拼死冲锋，绝不退缩。

死不还踵

晁错要达到的目标"死不还踵"，我们在《资治通鉴》的前文里见过近似的说法。战国年间，名将吴起会亲自为生了疮的士兵吮吸伤口的脓血。士兵的母亲听说了这件事，忍不住哭了。有人问她："你儿子只是一名普通士兵，将军大人能亲自为他吮吸伤口的脓血，这是何等的关照，你为什么反倒哭起来了？"这位母亲回答："往年吴将军也给孩子他爹吸过脓血，他爹打起仗来特别能拼命，结果战死了。吴将军如今又这样对待我儿子，我儿子恐怕也要死在战场上了。"这位母亲形容孩子他爹作战拼命，原文是"战不旋踵"，意思是打起仗来不转脚后跟，也就是只知道往前冲，不知道往后逃。[1]

---

[1] 详见《资治通鉴熊逸版》（第一辑）第50讲。

怎样让别人替自己卖命，这是管理学中的一项重大课题。最传统的做法，以智瑶对待豫让为典范。智瑶以国士之礼待豫让，豫让感激之下，便以国士姿态报答智瑶，不惜抛家舍业，漆身吞炭，最后付出生命。[1]

这种做法有个致命的缺点，就是没法拓展适用范围，因为不可能对几百几千人都以国士之礼相待。于是就有了吴起的策略。指挥官只要拿出这种做派，全军将士都会受到感染，打起仗来就能拼命。但吴起策略也有缺点：一来太考验指挥官的个人素质，二来只能推广于一支中等规模的军队，没法推广于一整个军团或者军区。所以兵法上就有了"陷之死地而后生，置之亡地而后存"的招数，把所有人都扔进一个不拼命就会惨死的境地，激发他们的求生天性。不过这个策略没有可持续性，谁都不可能几天，乃至好几年，都保持着肾上腺素爆表的状态。

晁错策略的高明之处就在于，把人推进一个特定的环境，使他们尽情释放天性，为自己珍视的事物平日里多努力，危急时敢拼命，在客观上也就达到了为皇帝、王朝和帝国边境安全努力且拼命的目的。

---

[1] 详见《资治通鉴熊逸版》（第一辑）第012讲。

两个通假字

原文：

陛下绝匈奴不与和亲，臣窃意其冬来南也；壹大治，则终身创矣。欲立威者，始于折胶；来而不能困，使得气去，后未易服也。

要拼命的日子似乎不远了。汉文帝已经叫停了和亲政策，向匈奴发出了断交的信号。晁错推断，匈奴很可能会在下一个冬季发动南侵。如果可以把握时机，重创匈奴一次，那么匈奴人会一辈子都不敢轻易招惹汉帝国。

为了应对这场可以预见的攻击，汉帝国应该赶在秋天做好备战工作。晁错的原文是："欲立威者，始于折胶。"所谓折胶，古代注释家们的主流看法是：胶是制作弓弩的一种重要原料，用兽皮和兽角熬煮而成。秋高气爽的时候，胶的凝固效果最好，因此弓的威力最强。这就导致匈奴很喜欢在"折胶"，也就是秋天最适宜拉硬弓的时候南下侵扰汉人的边境。汉帝国要想一战立威，就该在这个时间段里积极备战。

然而，无论是"折胶"还是匈奴"其冬来南"，距离汉帝国推进"徙民实边"的方针最多才不过一年，晁错就敢建议让这些立足未稳的移民去跟匈奴决战，这显然特别不合情理。所以王夫之才会说：这种事情，就算经营几十年，也未必能够奏效啊。（［清］王夫之《读通鉴论·卷二》）

问题到底出在哪儿呢？

王彦坤先生曾提出一个观点，认为"折胶"的"胶"是"骄傲"的"骄"的同音通假字，"折骄"意思是打掉匈奴的骄纵之气。"其冬来南"的"冬"也不是"冬天"的"冬"，而是"终于"的"终"。因此，"其冬来南"说的并不是匈奴在下一个冬天就要南下，而是说在汉帝国停止和亲之后，匈奴终有一天会南下入侵。（王彦坤《〈汉书·晁错传〉通假字补考》）

如果从纯粹的训诂角度来看，这样的解释可能是一种稍嫌大胆的推测，但如果想让晁错的整篇文章逻辑自洽、合情合理，使晁错这个人更符合"智囊"而不是"智障"的身份，那么，除此之外就找不到更好的说法了。

贾谊与晁错

在汉文帝前十一年（前169年）的历史记录里，司马光借匈奴入侵狄道这一军事事件引出了新时代的政治新星晁错，一连引用了晁错的《言兵事疏》《守边劝农疏》《复言募民徙塞下》三篇文章。这还没完，到了下一年，晁错最为传世的《论贵粟疏》马上就会出现。司马光如此不吝篇幅，显然在他看来，晁错的政治见解不但深刻影响了汉朝的政治走向，对后来的千秋万代也特别有资治意义。

原文：

错为人峭直刻深，以其辩得幸太子，太子家号曰"智囊"。

在本年度内容的结尾，司马光还没忘记补充一句，说晁错为人"峭直刻深"，因为口才好，很受太子刘启的赏识，被太子一家称为"智囊"。

所谓"峭直刻深"，简单理解就是商鞅那样的人。凡是法家风格的官员，尤其是被称为"酷吏"的那些人物，基本都是这种性情。于是在思想史上，比较贾谊和晁错就成了一个饶有趣味的话题。在人们通常的印象中，贾谊有着浓厚的儒家底色，还有几分诗人气质，晁错却相反，冷冰冰的法家底色，不近人情，一门心思都是功利。然而，在鲁迅先生看来，在这两个人的人生上半场中，他们的表现高度相似，从性情到行为，就连文章风格都很像，慷慨激昂，畅所欲言。贾谊和晁错一样有着法家的学术底色，这是司马迁亲口讲过的。如果说有什么区别的话，那就是贾谊的文采更好，晁错的文章更接地气。贾谊的《治安策》《过秦论》和晁错的《贤良对策》《言兵事疏》《守边劝农疏》"皆为西汉鸿文，沾溉后人，其泽甚远"，只不过在匈奴问题上，贾谊的见解太迂腐了，比不上晁错的真知灼见。（鲁迅《汉文学史纲要》）

如果说晁错和贾谊性情相似的话，贾谊身上哪有一丁点"峭直刻深"的影子呢？而且，两个人的起点相当，人生上半场也差不多，为什么到了下半场就天差地别了呢？鲁迅先生是给了答案的：汉文帝时代，清净无为是基本国策，所以贾谊连篇累牍的改革方案始终没有机会落实，把好端端的一位青年才俊打击得抑郁而终。而在文帝驾崩、景帝继位之后，局面发生了变化，晁错有机会大显身手，施展自己的政治抱负，只不过因为改革失败才沦为牺牲品。而晁错素来以刑名之学著称，因为身败名裂，才被人贴上了"峭直刻深"的标签。假如晁错和贾谊调换一下位置，人生后半场到底会什么样，还真就不好说了。只是因为贾谊的文采更胜一筹，人生际遇又多坎坷，司马迁很同情他，把他和屈原写进了同一篇列传，所以贾谊在后世

的名声才压过了晁错。(鲁迅《汉文学史纲要》)

在鲁迅先生看来,贾谊和晁错二人并没有本质上的差别,只是因为遭遇了不同的时代,这才有了迥异的人生,晁错头上所谓"峭直刻深"的标签一点都不公平。贾谊如果生活在晁错的时代,有机会像晁错一样大展宏图的话,结局未必比晁错更好。鲁迅先生的这些见解,来自他在厦门大学任教期间编写的中国文学史讲义,后来编入《鲁迅全集》,取名为《汉文学史纲要》。

汉文帝前十二年

---- 005 ----

汉文帝是怎么废除出入关通行证的

原文:

(前十二年)

冬,十二月,河决酸枣,东溃金堤、东郡;大兴卒塞之。

春,三月,除关,无用传。

汉文帝前十二年(前168年),冬十二月,黄河决口,朝廷大规模征发人力,堵塞缺口。

春三月,汉文帝下诏:"除关无用传(zhuàn)",意思是说,从今以后,出入关卡不必使用通行证了。

以上两件事如果连起来看,似乎是因为黄河水患过于严重，朝廷解决不了赈灾问题，所以只能开放关卡限制，准许百姓自由逃荒。而如果分开来看，一码归一码，它其实意味着中央政府不再把诸侯国当成必须严防死守的潜在威胁了，因此放松了出入境管制。

严格管控

在此之前，中央政府的出入境管制非常严格。以关中秦国故地为核心的一带是中央政府的直辖区，相当于当年周天子的"王畿"。说是中央朝廷，实质上不过是个大型诸侯国，皇帝只是天下诸侯的共主而已。

刘邦时代为了加强关中地区的经济和人口实力，弱化诸侯国的经济和人口实力，大规模迁徙关东豪族入住关中。然而，安土重迁是人之常情，移民们被强制迁徙到异地他乡，总会心心念念回归故土。如果不搞严格的出入境审查，可想而知，大批关中新移民会找机会出关回乡。除此之外，像马匹这种战略性物资也必须严格管制，不然马匹出关的数量越多，就意味着诸侯国的军事力量越强。

第三辑里讲过张家山汉简《奏谳书》记载的汉高帝十年（前197年）的一个案例。在强制关东大族迁徙关中的过程当中，一位名叫阑的临淄狱史在负责遣送任务时，和一位名叫南的田氏女子结为夫妻，冒用别人的通行证试图蒙混过关，没想到被火眼金睛的出入境管理人员看出破绽，逮捕法办。参照《二年律令·贼律》的规定，如果把狱史阑的罪名定为"从诸侯来诱"，也就是从诸侯国来勾引汉政府直辖区的在籍人口，量刑和间谍罪一样，都是死刑。[1]我们因此看到了两件奇事：一是跨国婚姻和间谍同罪，二是诸侯国竟然会派间谍探查汉政府直辖区的状况。

时过境迁

当时的"传"，也就是通行证，到底是什么样子，又有怎样的申请和审批程序，我们已经很难确知了。不过1973年甘肃肩水金关遗址出土了一万多枚汉代简牍，可以让我们从西汉中后期的通行证使用规范推想一下高帝和文帝的时代。

传分为官传和私传两类。官传用于执行公务，私传才是普通百姓离开户籍所在地时需要去申请的物件。假如你是汉朝的一名普通百姓，想要出个远门，那你绝对不可以说走就走。你首先要向乡一级的政府机构

---

[1] 详见《资治通鉴熊逸版》（第三辑）第259讲。

申请私传，交代清楚你要去哪儿，去干什么。办事员接到你的申请之后，就要开始走流程了：核实你的户籍，看你缴纳赋税的情况，有没有犯罪记录等，个别地方还需要本地的父老或者里正[1]出面为你做担保。流程走完之后，上报上级部门审核，有时候甚至要经过三级审核，审核结束才会给你发一份私传。私传上面会写明你的户籍、赋税和有无犯罪记录，还要有你的姓名、年龄、身高、籍贯、肤色这类基本信息，同时写明你随身携带的马、牛、车和金属器物都有多少，并有一些固定格式的官方辞令，最后在封泥上盖上审批负责人的印信。（孙宁《金关汉简私传所见西汉王朝对人口流动的管理》）在现代概念里，只有出国和回国才有出入境问题，而在汉朝初期，"海关"竟然设置在中央政府的直辖区和诸侯国之间——皇帝把诸侯国当外国看，诸侯国也把中央直辖区当外国看。

终于，时过境迁，从狱史阑跨国婚姻案的汉高帝十年（前197年）到如今的汉文帝前十二年（前168年），已经将近三十个年头了，当年的新移民已经变成了老住户，正所谓"松门松菊何年梦，且认他乡作故

---

[1] 汉朝的行政区划通常分为县、乡、里。里正作为最基层的官员，负责每里大约100户左右居民的日常事务。

乡"（陈寅恪《忆故居》）。

中央朝廷经过几十年的苦心经营，终于不再担心人口和战略物资外流了，也不再担心诸侯王向长安城里派间谍刺探情报了。老一辈的汉帝国已成往事，老资格且心怀不满的诸侯王都没了声音，和刘邦一道打天下的老臣们也都凋亡得差不多了，就连拥戴文帝即位的第一功臣周勃也在上一年里过世了，是时候扫除障碍，天下一家了。而且一旦人口可以自由流动，经济也会活跃起来。当时虽然还是农业社会，大城市并不需要多少农民工，但可想而知的是，"除关无用传"一定会最大限度地为商业活动减负。

然而，"除关无用传"并没有长久贯彻下去，成为汉帝国的政治传统。不管是不是利国利民，至少这个政策不利于管理，又不利于税收，更违背了重农抑商的基本国策，因此注定走不远。即便汉帝国在汉武帝以后彻底消除了诸侯国的隐患，"除关无用传"的政策也只是偶一为之，临时解决一下灾荒问题——总不能让饿着肚子逃荒的老百姓去找政府一层层审批通行证；更何况如果遇到水灾，连地方政府都被淹了，就没人能审核盖章了。

汉初经济

《史记·货殖列传》中有一段话形容汉朝的民间经济蓬勃发展:"汉兴,海内为一,开关梁,弛山泽之禁,是以富商大贾周流天下,交易之物莫不通,得其所欲,而徙豪杰诸侯强族于京师。"这段话从字面上很好理解,但要把时间线理顺就很难了。

字面上看,它说的是汉朝兴起之后,形成了统一局面,政府放开了关卡和桥梁的通行限制,也不再禁止老百姓去山林水泽获取利益,所以富商大贾在全国到处都有活动,商贸贩运四通八达,利润非常丰厚,于是,政府把豪强大族迁徙到首都长安定居。

如果梳理一下时间线,司马迁说的似乎是刘邦时代,先有"富商大贾周流天下",然后才有强制迁徙关东豪族入关的政策。但如果这样理解,和《二年律令》就有矛盾了。汉初明明关禁森严,把诸侯国当贼防着,怎么就"海内为一,开关梁"了呢?而如果根据《二年律令》,把《史记·货殖列传》所描写的"海内为一,开关梁"当成汉文帝"除关无用传"之后的全国面貌,那又没法解释最后一句"而徙豪杰诸侯强族于京师"。

最有可能的情况是,一方面,汉朝兴起之后,百废待兴,关禁制度没有那么快就严格起来;另一方面,所谓"富商大贾周流天下",说的只是天下各地都有富商大贾在活动,各有各的区域性市场,并不是说全国形成了统一市场。以当时的物流条件,农副产品很难长途贩运,只有奢侈品才有可能"周流天下"。林甘泉先生准确把握了史料中的关键性细节:"《史记·货殖列传》说,'洛阳东贾齐、鲁,南贾梁、楚';邯郸'北通燕、涿,南有郑、卫'。可见当时即使像洛阳、邯郸这样的大都市,也只是区域性市场的中心。……各地的土特产,流通范围有限。当时的民谚,'百里不贩樵,千里不贩籴',也反映了农副产品的交换没有超出区域性市场之外。"(林甘泉《中国经济通史·秦汉经济卷(上)》)所谓"百里不贩樵,千里不贩籴",意思是说,像柴禾、粮食这类体积大、分量重,又卖不上太高价格的东西,交易赚取的利润抵不上长途物流的成本,所以不适宜远距离贩运。这是很朴素的商业智慧。

汉文帝"除关无用传",是否有促进自由市场、鼓励民间贸易的用心,答案已经不得而知了,但它难免会让人产生这样的猜测。也许正是由于这个原因,晁错又出来提意见了。这份意见,就是晁错全部文章当中最为传世、在历史上影响力最大的一篇,后人给它拟了一个题目,叫作《论贵粟疏》。

006
晁错是怎么看待粮食和金银的

中国历朝历代，不断有人大声疾呼，要政府加大重农抑商的力度。贾谊写过《论积贮疏》，被《资治通鉴》认真收录。[1] 贾谊刚刚英年早逝，晁错就写了《论贵粟疏》，重新论述这个问题，不但见地比贾谊深刻，而且给出了既切实可行，又可以在短时间内看到成效的解决方案。

其实见解深刻与否，只有我们这些置身事外的旁观者才会关心，而作为利益攸关的领导人，皇帝最看重的则是建议的可行性和可以明确看到的效果。贾谊动不动就是长治久安之术，那是至少要等到孙辈才能见成效的，相形之下，我们不难理解为什么晁错的职场生涯比贾谊顺风顺水得多。即便两位青年才俊同台竞技，赢家大概率也只会是晁错。

---

[1] 详见《资治通鉴熊逸版》（第三辑）第 223 讲。

晁错这一篇《论贵粟疏》，原始出处是《汉书·食货志》，紧承贾谊的《论积贮疏》。至于《论贵粟疏》的具体写作时间，《汉书·食货志》并没有给出明确记载，《资治通鉴》把它定在汉文帝前十二年（前168年）。

分析困局

所谓"贵粟"，意思是"以粟为贵"，粮食比什么都重要，所以政府必须对粮食给予最高程度的重视。

原文：

晁错言于上曰："圣王在上而民不冻饥者，非能耕而食之，织而衣之也，为开其资财之道也。故尧有九年之水，汤有七年之旱，而国亡捐瘠者，以畜积多而备先具也。今海内为一，土地人民之众不减汤、禹，加以无天灾数年之水旱，而畜积未及者，何也？"

晁错首先抛出一个问题：纵观历史，圣人担任统治者的时候，老百姓吃得饱，穿得暖，这到底是为什么呢？难道是因为圣人亲自种田、织布供给天下百姓吗？当然不可能。尧舜时代发生过一连九年的洪涝灾害，商汤王时代发生过一连七年的旱灾，人家老百姓照样好好活着，是因为人家在平时做了充足的储备。那么看看咱们现在，地盘比那些圣王时代大得多，人口也更多，又没遇到过那么严重的自然灾害，但物资的储备反而比不上人家，这是怎么回事呢？

这篇文章如果出现在今天，我们肯定会质疑，上古圣王那些事迹都是传说，怎么能搬出来当论据呢？然而在汉文帝时代，天下一共也搜罗不出几本书，偌大的汉帝国就是一片文化沙漠，晁错作为为数不多的青年知识分子之一，摆出来的论据虽然很可能是编的，但至少不是他自己编的，很多人都认账，那么在汉文帝看来，基本就等于铁证如山了。

原文：

地有遗利，民有余力；生谷之土未尽垦，山泽之利未尽出，游食之民未尽归农也。

夫寒之于衣，不待轻暖；饥之于食，不待甘旨；饥寒至身，不顾廉耻。人情，一日不再食则饥，终岁不制衣则寒。夫腹饥不得食，肤寒不得衣，虽慈父不能保其子，君安能以有其民哉！明主知其然也，故务民于农桑，薄赋敛，广畜积，以实仓廪，备水旱，故民可得而有也。民者，在上所以牧之。民之趋利，如水走下，四方无择也。

晁错马上自问自答，给出了原因。现在之所以物资储备不足，是因为人力和地力远远没有被开发到极限。从人力角度看，社会上还有大量的游民不种田；从地力角度看，大量的荒地还没有被充分开垦，许多山川水泽也没有被充分开发。如此一来，只要稍微有一点风吹草动，很多人就会陷入贫困境地，老百姓只要一贫困，就该做坏事了。统治者该想办法别让老百姓过穷日子。追根溯源，贫困的产生，是因为老百姓缺乏必要的生活物资；缺乏生活物资，是因为不好好种田。老百姓一旦不好好种田，就不可能安土重迁，而只会像鸟兽一样到处乱窜，即便有高城深池、严刑峻法，也拦不住他们。

洞悉人性

晁错的理论基础很简单，就是正确认识人性。在他看来，老百姓只是会说话的动物而已，不能拿过高的道德标准去要求，不要期待老百姓在饥寒交迫的时候还能奉公守法，不食嗟来之食。恰恰相反，在物质资源匮乏的情况下，他们一定会铤而走险，作奸犯科。

这个道理一旦说清楚，就可以摆正统治者和被统治者的关系了。《汉书》中晁错的原话是："民者，在上者所以牧之，趋利如水走下，四方亡（无）择也。"意思是说，老百姓相当于羊，皇帝相当于牧羊人。羊是逐利的，哪里吃得饱，住得暖，它们就往哪里去，根本不问东西南北，不管是非对错。

古代的聪明人很早就认为，只有正确洞悉人性，才有可能正确制定政策，只要政策是顺应人性的，就可以事半功倍，反之，不但会事倍功半，甚至有可能会自寻死路。诸子百家之所以要为人性究竟是善、是恶，还是无善无恶争论得脸红脖子粗，关键就在这里。假如皇帝是阳明心学的信徒，真诚相信"满街都是圣人"这个高尚的命题，他的治国方针显然就会和晁错的意见反着来。

很多哲人都喜欢用水来比喻人性，但晁错这个关于水的比喻尤其精彩。它意味着人天生就是逐利的，就像水天然就会从高处往低处流。在水的流动过程中，关键因素仅仅是地势的高低之别——水不会因为某块低洼地带竖着一块警示牌，写着"功利主义"或者"自私的人是可耻的"，就停住不流了。

上行下效

原文：

夫珠、玉、金、银，饥不可食，寒不可衣，然而众贵之者，以上用之故也。其为物轻微易藏，在于把握，可以周海内而无饥寒之患。此令臣轻背其主而民易去其乡，盗贼有所劝，亡逃者得轻资也。粟、米、布、帛，生于地，长于时，聚于力，非可一日成也。数石之重，中人弗胜，不为奸邪所利，一日弗得而饥寒至。是故明君贵五谷而贱金玉。

既然人人都逐利，我们就有必要看看最受追捧的"利"到底是个什么东西。在晁错那里，答案明摆着：所谓利，就是金银珠宝。金银珠宝这类东西，饿了不能吃，冷了不能穿，对人几乎没有任何实际功用，为什么人人都想要呢？晁错认为，因为统治者特别珍视金银珠宝，上行下效，这个信号一层层传递到民间，塑造了金银珠宝很贵重的社会共识。

以今天的常识来判断，晁错在这个问题上显然说错了。但我们也不好苛责晁错，因为就连亚当·斯密都没想通这个问题，还在《国富论》里留下了一个著名的斯诺悖论："水的用途最大，但我们不能以水购买任何物品，也不会拿任何物品与水交换。反之，钻石虽几乎无使用价值可言，但须有大量其他货物才能与之交换。"清晰解答出这个问题的，是奥地利经济学派的创始人卡尔·门格尔。[1] 门格尔认为，亚当·斯密错在把商品价值当成了一种客观事实，当成了商品所蕴含的某种内在属性，比如劳动量之类的东西。而在真实世界里，永远是某个具体的人在具体单位的水和具体单位的钻石之间做出选择。在日常生活中，水的供应量近乎无限，于是出现了"边际效用递减"，再多一个单位的水，对于我们来说毫无意义，因此它一钱不值。而钻石可以满足我们的炫耀需求，多一颗钻石可以给我们带来的效用，远远超过多一个单位的水所带来的。

这就是门格尔在《国民经济学原理》当中的经典论述，当然，晁错没机会读。不过，晁错敏锐地看到了金银珠宝的负面意义：金银珠宝体积小，很容易储存和携带，无论被带到哪儿，都可以轻松换取必要的生活资料。这实在是天大的坏事，因为如此一来，只要弄到了一点点金银珠宝，臣下就可以轻易背叛君主，远走他乡，老百姓也可以轻易背井离乡，就连逃犯都可以轻装上路，皇帝还怎么控制人口呢？这刚好印证

---

[1] 卡尔·门格尔（Carl Menger, 1840—1921），奥地利著名经济学家，现代边际效用理论的创始者之一。

了马克思的名言："金银并不天然是货币，但货币天然就是金银。"金银珠宝易于保存，便于携带，所以晁错忧虑的是，如果人人都把金银珠宝当成最值得追求的利益，那么国家很快就会陷入混乱。因此当务之急就是贬低金银珠宝的价值，抬高粮食和纺织品的价值。

理想社会

粮食和纺织品不但有真正的实用价值，而且生产过程费时费力，不易保存，又不便运输——试想一下，哪个逃犯会背着一大筐粮食和一大袋粗布到处跑呢？这就意味着，只要上行下效，让全社会达成共识，把粮食和布匹当成宝贝，那么人就不难被固定在耕地上，逃亡和背叛也就没有可能了。同时，国家的战略物资储备也可以充足起来，即使面对最严峻的自然灾害也能够轻松应对。

核心财富只有粮食和纺织品的社会，才是晁错心心念念的理想社会。在这个理想社会中，人无法脱离耕地，必须男耕女织才能获得财富，统治者从男耕女织的收获当中抽成，轻松积攒下来，就足以应对任何灾害，于是人人安居乐业，国家长治久安。

007

汉代农民为什么那么苦

原文：

今农夫五口之家，其服役者不下二人，其能耕者不过百亩，百亩之收不过百石。春耕，夏耘，秋获，冬藏，伐薪樵，治官府，给繇役；春不得避风尘，夏不得避暑热，秋不得避阴雨，冬不得避寒冻，四时之间无日休息；又私自送往迎来、吊死问疾、养孤长幼在其中。勤苦如此，尚复被水旱之灾，急政暴赋，赋敛不时，朝令而暮改。有者半贾而卖，无者取倍称之息，于是有卖田宅、鬻妻子以偿责者矣。

晁错搬出了一个有代表性的农耕家庭样本："今农夫五口之家，其服役者不下二人。"从字面理解，说的是农村一个五口之家，家里至少有两个人要为官府服役。看上去负担很大，但当时的服役制度是有明文记载的，劳役和兵役都不太重。早在汉惠帝时代，即便是修建长安城这样的国家重点工程，也修得拖拖拉拉。政府特别注重养护民力，生怕重蹈秦帝国的覆辙。所以，服役并不是什么令人不堪重负的事情。[1]

难道是晁错夸大其词吗？当然不是。最大的可能是传抄过程中抄错了字。历史学者漆鹏先生为这个问题遍翻文献，发现所谓"服役"，在荀悦《汉纪》里写作"服作"。如果晁错的原文是"服作"的话，疑点当即就消失了。晁错的意思是说，一个务农的五口之家，从事农业生产的不过两个劳动力，最多不过耕作一百亩地，总产量不过一百石粮食。(漆鹏《疏〈论积贮疏〉〈论贵粟疏〉中的几点疑义》) 晁错描述的是普通农耕家庭所能耕作的土地和产量上限，那么可想而知，还有不少家庭耕作的土地不足百亩，产量不足百石。

晁错继续替农民诉苦，说农民除了忙着种田，还要砍柴，为官府服役，一年四季不得清闲，其间还会产生不小的开销，诸如探个病，吊个丧，赡养老人，养育子女。日子已经太苦太累了，却还难免遭遇水旱之灾、横征暴敛和朝令夕改。这样一来，情况紧急的时候，家里有粮的往往只能半价卖粮，没粮的就只能向别人借贷，为此需要偿还很高的利息，那些卖田卖

---

[1] 详见《资治通鉴熊逸版》（第三辑）第179讲。

宅卖儿卖女的事情就是这么来的。

总而言之，农民的特点就是又苦又累，收入却低，抗风险能力差。

赋税之困

晁错这番话里，有一个细节特别值得我们留意，那就是当农户遇到水旱之灾或者政府不按时征收这类紧急情况时，为什么要把粮食半价卖掉而不是直接上缴一半粮食呢？这说明，当时的田租至少有相当一部分不是缴纳粮食本身，而是要以货币支付。

麻烦就出在这儿。小农经济的环境下，农户不可能有多少现金储备。而如果想把粮食卖个好价钱，又一定急不得。一旦官府突然征收田租，打农户一个措手不及，农户为了赶紧凑够该交的金额，就只能低价把粮食卖掉。当时的通行货币是铜钱，铜钱人人都可以铸造，有良币也有劣币。如果在一个纯粹的自由市场里，大家都不傻，自然会对良币和劣币做个折算，比如三枚劣币抵一枚良币，然而在官民交易里，政府掌握着绝对的话语权，想占农户一点便宜实在是太容易了。

在《论贵粟疏》之前，汉帝国的主流田租是"十五税一"，每年交全年粮食总产量的十五分之一，无论如何都称不上横征暴敛。然而，地方政府只要灵活操纵收租的时间，再把实物（如粮食）地租改成货币地租，就足以逼得农户卖田卖宅卖儿卖女了。再者，"十五税一"只是正税，除此之外还有附加税，最常见的一类附加税名为"刍稿"，是养牛羊马需要的饲料。从各种出土简牍来看，当时"刍稿"和田租一样，既有缴纳实物的，也有折算成钱的。(赵伟《秦及汉初刍稿税制相关问题研究——以简牍为中心》，范传贤、杨世钰、赵德馨《中国经济通史（第二卷）》)

这些都属于土地税，别忘了还有人头税。第三辑里讲过，汉朝的人头税称为算赋，从刘邦时代就开始了。依照《汉仪注》的记载，所谓算赋，是按人头向十五岁以上、五十六岁以下的老百姓征收钱款，每人每年收取一百二十钱，称为一算。这笔钱专款专用，用于车马武器方面的开支。汉惠帝年间颁布政策，女子十五岁到三十岁还没嫁人的，要交"五算"，也就是五倍算赋。(《汉书·惠帝纪》)东汉学者应劭给出的解释是，这是惩罚性的算赋，为的是刺激人口增长。应劭还说，依照汉律，每人出一算，但商人和奴婢算赋翻倍。[1]

---

[1] 详见《资治通鉴熊逸版》（第三辑）第129讲。

从晁错的文章来看，真正造成农户破产的原因无非两个：一是自然灾害，二是官府使坏。

官府的坏有三点，原话是"急政暴赋，赋敛不时，朝令而暮改"，意思是：第一，横征暴敛，完全不考虑老百姓的承受力；第二，收税没有固定时间，想来就来；第三，朝令夕改（成语"朝令夕改"就是这么来的）。这分明就是瞎折腾，和我们印象当中文景之治的"清净无为"风格实在是大相径庭。那么，晁错说的这些和"贵粟"有多大关系呢？按照他的说法，要想改变农民的悲惨处境，根本用不着"贵粟"，只要看住官员，让他们每年定时定量收租，别瞎折腾就可以了。

农商对比

晁错如此强调农民的悲苦，不是为了找病因，而是为了让农民和商人形成鲜明对比。所以文章接下来就开始描写商人怎么轻轻松松赚大钱。

原文：

而商贾，大者积贮倍息，小者坐列贩卖，操其奇赢，日游都市，乘上之急，所卖必倍。故其男不耕耘，女不蚕织，衣必文采，食必粱肉；无农夫之苦，有仟伯之得。因其富厚，交通王侯，力过吏势，以利相倾；千里游敖，冠盖相望，乘坚、策肥，履丝、曳缟。此商人所以兼并农人，农人所以流亡者也。

商人有大有小，大商人囤积居奇，赚取暴利，小商人在自己的摊位上搞贩卖。不论大小，他们都能轻轻松松赚大钱，天天在都市里游逛。这些商人，男的不种田，女的不织布，但穿的必须是高档衣服，吃的必须是精米精肉。他们付出的劳动远不如农民，赚取的收益却是农民的十倍百倍。人一富了就想贵，他们结交王侯，势力比政府官员还大。这就是商人兼并农民、农民流亡的根本原因。

《资治通鉴》引述《论贵粟疏》，在这里删去了一小段话，偏偏这一小段话特别出名，所以有必要补充一下："今法律贱商人，商人已富贵矣；尊农夫，农夫已贫贱矣。"晁错认为，如今虽然法律轻贱商人，但商人却过上了富贵的日子；虽然法律尊崇农民，农民却过着贫贱的生活。这样一看，社会上所追捧的正是皇帝所贬斥的，官吏们看不起的正是法律所尊崇的。上下之喜好与厌恶相悖，还怎么指望国家富强、法律行之有效呢？

幸存者偏差

以我们今天的常识来看，晁错这番话显然掉进了"幸存者偏差"的陷阱，只看见贼吃肉，没看见贼挨打。一个成功商人的背后，通常有几百几千个炮灰。即便是成功商人，也不见得真的可以轻轻松松赚大钱，每天出入于大城市的娱乐场所享受人生。白居易的《琵琶行》大家都不陌生，"商人重利轻别离，前月浮梁买茶去"；还有李益的《江南曲》："嫁得瞿塘贾，朝朝误妾期。早知潮有信，嫁与弄潮儿"——商人不但忙得不着家，还不得不去穿越瞿塘峡这种高风险地带。再看明朝人笔下的瞿塘贾："瞿塘贾，前年二月离乡去。去时许妾半年归，指定桃花成誓语。桃花三度谢还开，望断天涯不见来。"（周是修《瞿塘贾》）一位商人离家去做生意，和妻子约定半年后回家，结果三年不见音信。由此可见，中国古代的商人奔波劳碌不在少数，想要赚钱也并不容易。

晁错的文章还混淆了两个概念。所谓重农抑商，"农"是农业，而不是农民。甚至可以说，正是因为格外重视农业，所以政府才会想方设法把农民束缚在土地上，变成给帝国生产粮食的工具。晁错其实也不关心农民的死活，他关心的重点是，经商和务农导致的贫富两极分化使商人大量购买农民的土地，因此变成了大地主，而农民因此失去了土地，没法给国家交税了。

然而，无论是"十五税一"还是其他数额，汉朝的田租都是按照总产量的一定比例来征收的，即便发生了大规模的土地兼并，大地主买下那么多农田，总不可能眼睁睁看着它们撂荒，肯定会雇人种田。那么，土地总量没变，总产量应该也差别不大，税收怎么会减少呢？

008

为什么汉代商人有了钱只想买地

假定有十个"五口之家"的农户，每家有农田一百亩，如果某个大商人兼并了他们所有的农田，那么，这十家农户真的会因此流离失所吗？

大概率并不会，因为大商人不可能亲自下田耕作。即便他想，也种不了一千亩地，因此必须雇人耕作。雇谁合适呢？在他面前就有十个急于谋生的现成的"五口之家"。于是，这十家失去土地的农户就变成了这个大商人兼大地主的佃农，收成不再给政府交租，而是给这个大商人兼大地主交租。只不过，对于政府而言，这十家农户因为卖掉了土地，所以脱离了户籍，变成了国家编户齐民之外的流民。《论贵粟疏》所谓的"农人所以流亡者也"中的"流亡"正是这个意思，而不是说农民失去了土地就流离失所，满世界逃荒去了。

站在帝国角度来看兼并现象：耕地依旧是一千亩，种地的依旧是那十家农户，每年的粮食产量和以前也不会有太大不同，那么，直接找那个大商人兼大地主去收税，收上来的按理说依旧会是粮食总产量的十五分之一。比例与总额都和以前一样，如果说有什么不同的话，那就是收税成本反而低了——以前要去十户人家收，现在只要去一户人家收就够了。

司马光的选择

这样一算账，确实没什么不好，事实上，宋朝就是这么做的。宋朝的土地政策有所谓"不抑兼并"，也就是说，对土地兼并放任不管，同时对商业和富人也很友好。即便是司马光，也认为老百姓之所以有穷有富，主要是因为资质不同。富人之所以致富，是因为他们比普通人有远见，有高度的自律性，宁可吃苦受累，忍饥挨冻，都不肯向别人借贷，所以家里常常会有盈余，不至于陷入狼狈不堪的境地。穷人恰恰相反，目光短浅，今朝有酒今朝醉，遇到急难了就向别人借贷，借了却还不上，以至于卖老婆、卖孩子，自己躺在沟里受冻挨饿，却不知悔改。

对于同样的社会现象，晁错和司马光的分析为什么截然不同？我们有必要知道两个背景因素：第一，替富人说话，在司马光的时代很正常，毕竟宋朝的基本国策就是"不抑兼并";第二,司马光讲这番话,主要是为了抨击王安石搞的青苗法。

借贷问题

所谓青苗法,简单讲,就是由地方政府向农民提供低息贷款。农民如果遇到急难,就不用去借民间高利贷了,免得将来还不上,不但要把耕地转给债主,甚至要卖儿卖女。

司马光的意见是:民间借贷本来就是一个愿打,一个愿挨,官府没必要横插一脚。之所以会存在民间借贷这种事,就是因为人的禀赋不同。那些自律性强的、愿意延迟满足的人,自然就会变富;那些自律性差、今朝有酒今朝醉的人,自然就会变穷。由着他们自愿发生借贷关系就好,这虽然会拉大贫富差距,但好歹是个互助的事。官府要是插了手,眼下也许看不出多大的问题,但十年之后必生大患。

为什么这样说呢?别看司马光没学过布坎南[1]的公共选择理论,但他早于布坎南一千年就有这个意识了。

---

1 詹姆斯·麦基尔·布坎南(James McGill Buchanan, 1919—2013),美国著名经济学家、公共选择学派代表人物、1986年诺贝尔经济学奖得主。

他充分认识到政府官员也是凡夫俗子,是凡夫俗子就一定有私心杂念,对于许多官员而言,千里求官只为财,执行政策也只是为了满足私心杂念而已。在青苗法这个问题上,相关衙门为了做政绩,一定会想方设法多放贷,为了多放贷就会搞摊派,不管穷人富人,必须贷款。衙门当然知道,穷人贷了款之后,大概率会挥霍一空,根本就没有偿还能力,那么为了保障还款额度,衙门在放贷的时候就一定会让富人为穷人做担保。这样一年年下来,穷人先跑光了,紧接着富人也都被拖破产了。所以预计在十年之后,全国就剩不下几个富人了。(《温国文正公文集·卷四十一·乞罢条例司常平使疏》)

在司马光看来,穷人之所以穷,纯属活该,不妨顺其自然。而在晁错看来,穷人之所以穷,是因为小农生产利润太薄,抗风险能力太低,商人为富不仁,巧取豪夺,所以必须改变政策。当然,只要穷人不造反,不给官府添乱,他们到底活成什么样,倒也不属于帝国财政层面的当务之急,当务之急是判断朝廷的税收会不会因此减损。如果拿这个问题分别去问晁错和司马光,晁错肯定说"会",司马光说"不会"。

宋朝的主流农业税是十分之一,在宋朝人看来,不管耕地的产权发生了怎样的变化,只要总面积不变,总产量不变，那么总税额就不会变。而晁错看到的西汉社会，则一定是随着土地兼并，虽然总面积不变，总产量不变，但总税额变少了。两相比较之下，我们会发现，真正的问题出在汉帝国的集权程度不高，征税能力不足，只能拿捏自耕农，拿大地主没办法；而宋朝的集权程度很高，征税能力很强，拿大地主有办法。所以汉政府要解决的，其实应该是集权程度和征税能力问题，而不是什么"贵粟"。晁错的意见纯属治标不治本，之所以影响深远，是因为它特别符合人们朴素的直觉。

重农抑商

商人赚了大钱之后，按说正常逻辑是加大投入，扩大再生产，为什么晁错时代的商人有了钱都去买地呢？这正是汉帝国重农抑商的政策导致的必然结果。商人从政策和法律层面被歧视、被打压，导致经商的成本特别高，风险特别大。所以商人在赚了钱之后，为求稳妥，唯一出路就是买地。司马迁总结了八个字："以末致财，用本守之。"（《史记·货殖列传》）

所谓"以末致财"，是说当时商业被当成末业，是全社会最低贱的行业，但能赚钱；而所谓"用本守之"，是说农业受到政策扶持，商人要想保住从商业这一贱业上面赚到的钱,就不能扩大再生产,即便扩大再生产也要注意见好就收,最后一定要买地。只有买了地,雇人种地,赚到的钱才可以最终落袋为安。至于农业收入,一般跟佃农五五开,给政府缴税是"十五税一"或者"三十税一",多划算的买卖啊。

在汉朝,成为大地主的途径主要有三个:一是皇帝赏了土地,于是贵族变成大地主;二是政府高官拿到了高额的报酬,财富的唯一出口就是买田置地,于是官员变成大地主;三是商人赚到了钱,在重农抑商的政策导向之下买田置地,于是商人变成大地主。

至于小地主,自古以来都是靠一代代人的勤俭节约,从牙缝里攒下来一点钱,再一点点买地。小地主模式属于自然经济、自发秩序,很难形成"富者田连阡陌,贫者无立锥之地"的现象;至于大地主模式,那正是由皇帝和官府催生出来的问题——皇帝和官府非但不是解决问题的方案,反而是产生问题的根源。

理解了这层道理,我们再来梳理一下晁错的逻辑。粮食储备是国家安全的基石,如今粮食储备明显不足,是因为种田的人太少了。为什么种田的人这么少呢?因为商业的利润太高,来钱又快又轻松,把很多本该种田的人都吸引去经商了。商人赚到了钱,还会大批量地收购土地,把为国家交租的农民变成给自己交租的佃农，进一步减损了国家的粮食储备。

而为什么经商这么赚钱呢？因为皇帝虽然在政策上说重视农业，但实际生活中最重视的是金银珠宝。上行下效，天下人都会去追逐金银珠宝，而不肯安心种田。

最深层的原因在皇帝身上。只要皇帝愿意做出改变，从此唾弃金银珠宝，把粮食当成最珍贵的东西，那么在新一轮的上行下效之下，原先经商的人都会回归农业。如果全国百姓几乎都在勤勤恳恳地种田，国家的粮食储备一定会特别充足。

晁错的核心解决方案就是"贵粟"两个字，要求朝廷从上到下都把粮食当成宝中之宝。但晁错面对的难题正是前文讲过的斯诺悖论：水的用途最大，但我们不能以水购买任何物品，也不会拿任何物品与水交换。反之，钻石虽几乎无使用价值可言，但须有大量其他货物才能与之交换。晁错想做到的"贵粟"，相当于通过政治手段让钻石一钱不值，让水价值连城。

009
怎样正确理解《论贵粟疏》

晁错认为，要以粮食关联赏罚。该受奖赏的，不要奖赏他金银珠宝，而要奖赏他相应的粮食；该受处罚的，不要罚他的钱，而要让他上缴粮食来赎罪。当粮食成为交易的唯一媒介，粮食的身价自然会涨起来，而粮食涨价，自然就会驱使更多的人去耕田种粮。

入粟拜爵

原文：

方今之务，莫若使民务农而已矣。欲民务农，在于贵粟；贵粟之道，在于使民以粟为赏罚。今募天下入粟县官，得以拜爵，得以除罪。如此，富人有爵，农民有钱，粟有所渫。夫能入粟以受爵，皆有余者也；取于有余以供上用，则贫民之赋可损，所谓损有余，补不足，令出而民利者也。今令民有车骑马一匹者，复卒三人。车骑者，天下武备也，故为复卒。神农之教曰："有石城十仞，汤池百步，带甲百万，而无粟，弗能守也。"以是观之，粟者，王者大用，政之本务。今民入粟受爵至五大夫以上，乃复一人耳，此其与骑马之功相去远矣。爵者，上之所擅，出于口而无穷；粟者，民之所种，生于地而不乏。夫得高爵与免罪，人之所甚欲也。使天下人入粟于边以受爵、免罪，不过三岁，塞下之粟必多矣。

晁错认为，朝廷应当号令天下：任何人只要向地方政府缴纳相应的粮食，就能换来相应的爵位，有了爵位，就能赎免罪行。贫苦农户每年收成的那点粮食，刨除自家吃的和上缴田租的，肯定剩不下什么，所以有能力缴纳粮食换取爵位的人，一定都是富人。那么，向富人征收粮食，穷人的负担就可以减轻一些，正所谓"损有余而补不足"，这样的政策注定会得到万民的拥戴。它带来的益处有三方面：

第一，皇帝府库充盈，有足够财富可供开销。

第二，老百姓的赋税压力得以减轻。

第三，极大刺激农业生产的积极性。

让我们算一笔细账。如果皇帝告诉老百姓，只要运送相应数量的粮食到边境，就可以换来爵位，赎免罪责，那么一定会最大限度地刺激老百姓的务农热情，不出三年，边境的粮食储备一定会非常充足。

晁错的办法可以总结成四个字：入粟拜爵。既然生活中各种关键性的好处——免除劳役、犯了轻罪可以免罪等——只能通过爵位来换，而爵位又只能通过粮食来换，那么粮食就一定会变得比什么都金贵，人人都有动力耕田种粮。相应地，金银珠宝就彻底没用处了。而在晁错的逻辑里，既然金银珠宝彻底没了用处，那么商贸活动也就无利可图了，人们就会真正从内心里轻视商业。原先那些大商人、小商人只能要么失业，要么转行，最后不管愿不愿意，终极归宿都是种地。

乌托邦

古今中外，有很多有识之士和晁错一样，凭借朴素的直觉试图破解斯诺悖论，让生活必需品金贵起来，让金银珠宝贱得没人要。传说城邦时代的斯巴达人就这样做过：伟大的立法者吕库古取消了金银货币，规定只许使用铁制的钱币。他还把铁币的价值定得很低，并且特地用醋给铁淬火，铁币因此很易碎。这种货币既不值钱，也不易保存，自然没人用。货币没人要，商业也就随之消亡，就连算命先生这种服务业从业人员都不来斯巴达了。

可是，炫耀性消费出自人的天性，就算没了金银珠宝，也总会有点什么来让人分出三六九等吧？别人都吃粗茶淡饭，我一个人吃鸡鸭鱼肉，这总可以吧？

在斯巴达就不可以，因为吕库古创设了公共食堂。古希腊作家普鲁塔克对此有一段很煽情的描写："当富人像穷人一样去饮用同样的饭食时，他既不能使用，也不能享受，甚至都不能赏玩或者炫耀自己富裕的财产。所以在太阳普照着的所有城邦当中，唯有在斯巴达，人们才能看到那种声名远扬的景象：一个双目失明的财神普路托思，就像一幅画那样没有生命，一动不动地躺着。"（［古希腊］普鲁塔克著，陆永庭、吴彭鹏等译《希腊罗马名人传（上）》）

这样的斯巴达启发了柏拉图的《理想国》，《理想国》又启发了无数哲人。托马斯·莫尔在他的《乌托邦》里这样描述异乡人在乌托邦的神奇见闻：那里虽然有无数的金银，却毫不值钱，一个逃亡奴隶身上的镣铐所用的金银比异乡来的一行人佩戴的全部金饰品还多。当地居民有一套特殊的价值观："乌托邦人认为奇怪的是，一个人可以仰视星辰乃至太阳，何至于竟喜欢小块珠宝的闪闪微光。他们认为奇怪的是，竟有人由于身上穿的是细线羊毛衣，就大发狂想，以为自己更加高贵；其实不管羊毛质地多么细，原来是披在

羊身上的，一只羊终归还是羊。"（［英］托马斯·莫尔著，戴镏龄译《乌托邦》）

愿景落空

以我们今天的历史知识和经济学常识来看，这些美好的道德愿景终会落空。就算汉文帝不折不扣地落实了晁错的计划，"贵五谷而贱金玉"，粮食也不可能比金银珠宝值钱，除非爆发了严重的饥荒。

此外，晁错虽然口口声声控诉土地兼并，但他的这套解决国家粮食储备问题的方案，非但完全不涉及对土地兼并的抑制，甚至还不动声色地鼓励人们这么做。要知道爵位并不便宜，为了换取爵位，要交这么多粮食，还要自己负责运输，这绝对不是自耕农能胜任的。所以，要么就会是大地主组织佃农搞大规模农业生产，要么就会是大商人上门收购各家各户的粮食，汇总打包之后和朝廷换爵位。这样一来，有钱有势的人自然就更有土地兼并的动力了。

因此，容我以小人之心揣度一下，晁错之所以搞出"入粟拜爵"这么一个变通且妥协的方案，有可能非但不是犯了理想主义的错，反而是特别接地气的，相当于承认了政府的行政能力不足，没办法从大地主那里征收足额的田租，所以拿爵位把大地主该交的田租换出来。至于大地主的爵位到顶之后还能怎么办，那是以后的事了，先解决掉当务之急再说。当务之急就是前面《言兵事疏》《守边劝农疏》《复言募民徙塞下》三篇文章操心的事："徙民实边"。要想在边境地带兴建新城，迁徙大批移民，让人家现种现吃肯定来不及，所以才需要运送足够多的粮食过去。粮食需求量太大，物流成本太高，国家财政不堪重负，这才有了《论贵粟疏》提出的"入粟拜爵"方案。

原文：
帝从之，令民入粟于边，拜爵各以多少级数为差。

汉文帝看完《论贵粟疏》，批准并且落实了下去，交的粮食越多，能换的爵位就越高。这里的重点是"令民入粟于边"。这些粮食，要送到边境才作数。也就是说，"入粟拜爵"是为"徙民实边"服务的。因此，要想准确理解《论贵粟疏》，就必须把《言兵事疏》《守边劝农疏》《复言募民徙塞下》和《论贵粟疏》这四篇文章连起来看。

文帝减租

原文：

错复奏言："陛下幸使天下入粟塞下以拜爵，甚大惠也。窃恐塞卒之食不足用，大渫天下粟。边食足以支五岁，可令入粟郡县矣；郡县足支一岁以上，可时赦，勿收农民租。如此，德泽加于万民，民愈勤农，大富乐矣。"

上复从其言，诏曰："道民之路，在于务本。朕亲率天下农，十年于今，而野不加辟，岁一不登，民有饥色，是从事焉尚寡而吏未加务。吾诏书数下，岁劝民种树而功未兴，是吏奉吾诏不勤而劝民不明也。且吾农民甚苦而吏莫之省，将何以劝焉！其赐农民今年租税之半。"

"入粟拜爵"的方案一经落实，晁错马上就开始考虑第二步安排，说等到边境地带的粮食储备足够五年用度之后，就别再往那里运粮食了，改为运送到各个郡县。等郡县政府都有了一年的粮食储备，朝廷就可以随时下令豁免农民的田租。如此一来，皇帝的恩泽普惠万民，老百姓种田的积极性就更高了，那该是何等国泰民安的美丽新世界啊。

汉文帝再一次采纳了晁错的意见，颁布诏书，苦口婆心地阐述农业问题的重要性，说农业是立国之本，自己早在十年前就已经开始亲耕为天下人做表率了，至今耕地面积也不见增加，只要一遇到收成不好的年景，老百姓就吃不饱饭，可见粮食储备太匮乏了。务农的人还是太少了，官员也都没起到应有的作用。朕多次下诏，年年敦促老百姓努力耕织，但就是不见效，看来是各级官员对朕的诏书不够上心，更没有尽心尽责地敦促百姓啊。农民太苦了，官员却无动于衷，这能怎么办呢？好吧，朕就放个大招：免除农民今年一半的田租。

如果把这项政策单纯理解为农业政策，那么结论就一定是许倬云先生讲的那样："汉文帝在公元前168和前163年对导致粮食短缺的原因所作的解释，也暴露出朝廷对汉代农业中根本问题的无知。"（许倬云《汉代农业：早期中国农业经济的形成》）但如果不单纯把它理解为农业政策，而是联系到当年三月的新政策"除关无用传"的话，那就有一点耐人寻味了。"除关无用传"之后，既然关卡解禁，人口流动性随之增强，那么中央朝廷就必须用优惠政策和诸侯国抢人口和资源了。

不过，田租减半虽然单独看起来很好，但与吴国一比较，并不占什么优势。吴王刘濞通过铸钱和煮盐富得流油，彻底免除了本国百姓的赋税。（《史记·吴王濞列传》）试想一下，如果你是当时的一名普通百姓，在可以自由迁徙的时候，你会怎么选呢？所以汉文帝还得放更大的大招，这是后话。当下汉文帝之所以敢于田租减半，乃至下一年田租全免，正是因为有了晁错的"入粟拜爵"方案。所有这一切，都是盘根错节、彼此关联的。

至此，文帝一系列政策颁布下去，晁错的方案终于落地，文帝前十二年（前168年）的大事件也就结束了。

汉文帝前十三年

———— OIO ————
如何理解汉文帝废除秘祝

原文:

(前十三年)

春,二月,甲寅,诏曰:"朕亲率天下农耕以供粢盛,皇后亲桑以供祭服,其具礼仪!"

初,秦时祝官有秘祝,即有灾祥,辄移过于下。夏,诏曰:"盖闻天道,祸自怨起而福繇德兴,百官之非,宜由朕躬。今秘祝之官移过于下,以彰吾之不德,朕甚弗取。其除之!"

汉文帝前十三年(前167年),春二月,文帝下诏,强调自己又亲自耕田,皇后又亲自采桑了,两口子又一起为天下人做表率了。但我们从文帝上一年的诏书可以知道，这种表面功夫并没有收到预期的效果。当年夏天的诏书倒是记载了一项比较实在的善政，核心内容是废除秘祝。

《资治通鉴》记载，秘祝起源于秦朝。但这个说法恐怕不对，因为在先秦的史料里已经不乏这类记载。所谓祝，以今天的眼光来看就是巫术，负责向鬼神祈福禳灾，而那些为君主操持这种巫术的人被称为祝官。平日里，祝官的工作就是替君主向鬼神求福，希望君主身体健康、百病不侵。如果发生了什么天灾，或者天降异象，比如日食，以那时候的主流观念，会认为君主没把政治搞好，所以上天要来施加责罚了。想让君主免于责罚，也好办，可以用巫术把上天降下来的责罚转嫁到别人头上，替君主找个替罪羊。之所以叫秘祝，就是因为这种勾当太缺德了，见不得人，必须秘密进行。

灾祸可以转嫁，还真有经典依据。不过，在光明正大的政治模板里，事情是反着来的：周武王病重的时候，周公旦做了一番仪式，向鬼神讲了很多理由，希望可以由自己代替周武王去死。（《尚书·金縢》）当然，周公旦是圣人，拳拳之心感人肺腑，但只要他的做法是可行的，就意味着灾祸的转嫁确实可行。周武王假如是昏君的话，大可以请自己的祝官搞一通差不多的仪式，向鬼神陈述理由，希望由周公旦替自己去死。

春秋年间，楚昭王生了病，恰好天降异象。周太史给出了病情诊断，说楚昭王怕是要死，但别担心，天罚可以转嫁给楚国的将相。事情并没有保密，楚国将相也不知道是真心还是无奈，反正都自告奋勇来了，但楚昭王没同意，事情就这么过去了。（《史记·楚世家》）几年之后，宋国出现了"荧惑守心"的异常天象，预示着宋景公要死。星象专家说："没关系，灾祸可以转嫁给国家总理。"宋景公不同意："总理是我的股肱之臣啊。"星象专家说："那也有办法，灾祸可以转嫁给国民。"宋景公还是不同意："如果没了国民，我这个国君岂不是变成了光杆司令？"星象专家还有办法："那咱们嫁祸给收成总可以了吧？"没想到宋景公还是不同意："收成差了，我们宋国国民就要饿肚子了，我还好意思当国君吗？"（《史记·宋微子世家》）

楚昭王和宋景公都是正面榜样，但从这两件事里，我们可以把秘祝的逻辑看得一清二楚，也不难想见，有的是巴不得嫁祸于人的国君呢。

废除秘祝

汉文帝要学习楚昭王和宋景公的榜样,不仅如此,他还对所谓"天道"做了一个一锤定音的官方解释:"盖闻天道,祸自怨起而福繇德兴。"意思是说,怨气重了就会发生灾祸,相反,如果德行到位,福气自然就来了,这就是天道。

古代中国政教合一,皇帝不但是政治大统领,而且是宗教大祭司。尤其在汉文帝的时代,有道家而无道教,佛教更不曾传入中国,那么皇帝作为大祭司,就必须对人生的祸福无常给出一个令人信服的终极解释。汉文帝特别大度,接着说:"各级官员的不是,归根结底都怪我,如今负责秘祝的官员反而把我的过错转嫁给下面的人,这怎么可以呢?我可是要好好修养品德的啊。所以从今以后,秘祝就废除了吧。"

从政治技巧的角度来看,汉文帝这是要跟诸侯王拼德行,争人心。秘祝确实被正式废除了,但嫁祸于人这种行径依旧延续了下去,只不过从暗牌变成了明牌。很快我们就会看到,丞相变成了明明白白的替罪羊岗位。传统儒家的"垂拱而治"理论和贾谊的"阶级"理论合力之下,任何灾害和错误都不是皇帝的责任,而一定是丞相的责任,皇帝只是受了坏人的蒙蔽而已。这可以算是一种经典的政治技巧。无论社会上发生了多大的灾祸,只要找个人背锅,并且能让大家相信,那么群众的情绪就有了出口,事情也就可以翻篇了。

天子的过错

传统上,最高统治者自称天子。这个称号如果严格翻译成白话,并不是泛泛而指的"天的儿子",而是"天的嫡长子",拥有至高无上的祭祀特权。在人的世界里,只有嫡长子才有祭祀祖先的权利,其他亲属只能追随嫡长子一起祭拜。同理,只有天的嫡长子才有祭天的权利,王公贵族们只能追随天子一起祭天。天子如果统治有方,天就会降下祥瑞,于是风调雨顺,五谷丰登;天子如果荒淫无道,天就会降下灾异,于是山崩地裂,粮食歉收。在坏年景里,人们吃不饱,穿不暖,受灾受难,显然该怪天子,而且全都怪他一个人。

因此,在这种时候,天子就该自我检讨,批评自己如何不对,如何对不起天,也对不起人。接下来天子还要承诺马上改正错误,希望天和人都能够原谅自己。检讨当然要有诚意,所以必须斋戒沐浴,若干天里不能吃肉喝酒，不能亲近女色，还要把自己洗干净，否则就没资格向上天汇报。

走完所有流程之后，如果天灾照旧，理论上，应该废黜，甚至杀掉天子，另立新君。但事实上，天子只要权力稳固，还有能力粉碎野心家的一切密谋，倒也不必担心自己会有什么危险。再大的天灾总能熬过去，再凋敝的经济总会好起来，这其实就是统计学里面"回归均值"的道理。等熬到回归均值的时候，一切当然又要归功于天子圣明。

欲戴王冠，必承其重

我们在史料里看到的这些记载，都是文明社会中的现象，至少谈不上原始。如果再向前追溯一些，比如在遥远的夏朝和商朝，也是这样的套路吗？

要解答这个问题，我们先要请出一篇经典论文——郑振铎先生的《汤祷篇》。民国学者受人类学家弗雷泽启发，创作了两篇经典：一篇是江绍原先生的《发须爪》，另一篇就是郑振铎先生的《汤祷篇》。

《汤祷篇》研究的是商汤王祷雨的传说。儒家传统里的圣人排序，按照时间顺序有所谓尧、舜、禹、汤、文、武、周公，排在第四位的汤就是商朝的开国君主商汤王。传说在商汤王灭掉夏朝、建立商朝之后，国家连续遭遇了七年干旱，就连河水都枯竭了。全国人民的生活都难以为继，于是商汤王剪掉自己的指甲和头发，以自己为牺牲，在桑林当中向上天祈祷。在他诚意的感动下，一场大雨当即普降全国。

在儒家系统的解释中，这件事证明了天人感应理论的正确性，也说明商汤王是一位具有伟大的自我牺牲精神的圣王，所有统治者都应该向他学习。这里的自我牺牲，真的是字面意义上的自我牺牲。也就是说，商汤王要杀掉自己，把自己作为祭品献给上帝。还好上天非常通情达理，抢在商汤王自焚之前降下了大雨。假如雨一直不下，理论上说，下一步就该烧死商汤王了。

按照郑振铎先生的解释，商汤真的很有可能会因此送命。首先，在商汤王的时代，所谓王，只是大家拥戴的一名首领，并没有后来的皇帝所拥有的那种乾纲独断的权力。在大是大非的问题上，王根本就抗拒不了民意。如果民意要他去死，他就只有去死。为什么民意要他去死呢？因为天灾肯定和王有最直接的关系，只有牺牲他使天得到满足，天灾才会消除。也就是说，商汤王的自我牺牲并不是自觉自愿的，他并没有那么高尚的情操，只是迫于形势，不得已而为之。

假如不是真的下了大雨，商汤王只有死路一条，古代圣王的传说就要重新写过。

郑振铎先生并没有拿到任何独家史料，凭什么做出这样的解读呢？凭的就是弗雷泽的名著《金枝》。《金枝》通过介绍全世界的无数事例，来说明原始文明里的政治结构向来如此，被民意推上祭坛是领袖们常常需要面对的命运。作为半人半神人，只要风调雨顺，领袖就可以高高在上。他们既是祭司，也是国王。

弗雷泽认为，在神的观念产生之前，精通巫术的人最容易获得统治权力。所以在早期社会里，国王往往既是祭司，又是巫师。一旦人们开始怀疑国王呼风唤雨的能力，国王的命运也就岌岌可危了。从这个角度看，秘祝的出现，也算是统治者为了个人命运而做出的奋力一搏吧。

011

缇萦救父为什么是法律史大事件

汉文帝前十三年（前167年）的五月，发生了法律史上的一桩大事：废除肉刑。事情要从缇萦救父开始说起。

原文：

齐太仓令淳于意有罪，当刑，诏狱逮系长安。其少女缇萦上书曰："妾父为吏，齐中皆称其廉平，今坐法当刑。妾伤夫死者不可复生，刑者不可复属，虽后欲改过自新，其道无繇也。妾愿没入为官婢，以赎父刑罪，使得自新。"

事情的经过并不复杂。依照《资治通鉴》的记载，齐国官员淳于意犯了罪，该受肉刑，皇帝下旨，将他押解到长安。淳于意的小女儿缇萦向文帝上书求情，说自己的父亲在齐国做官，齐国上下都称赞他廉洁公正。但他如今犯了法，要受肉刑，身体会遭到永久性的伤残。砍断的肢体不能再接回去，人就算想要改过自新，也不会有机会了。缇萦说，自己甘愿入宫做女奴，为父亲赎罪。文帝深受感动，下诏废除肉刑。成语"改过自新"就来源于这段话。

这段内容，司马光取材于《汉书·刑法志》和《史记·孝文本纪》，但删掉了原文中最为脍炙人口的一个细节。淳于意没有儿子，只有五个女儿，就要被押解上路的时候，淳于意对女儿说道："生子不生男，缓急非有益也。"这句话体现了古人的经典生育观：女儿派不上用场，只有儿子才能在关键时刻起作用。别说有五个女儿，就算有五十个女儿，也比不上一个儿子。但凡事总有例外。淳于意最小的女儿缇萦把自己当男孩子用，一路陪着父亲长途跋涉，从齐国来到长安。

神医淳于

事情虽然不复杂，但只要稍微琢磨一下，我们就会发现其中疑点重重。淳于意是齐国的太仓令。这个职位，管理的是齐国的粮食储备，算不得多大的官。如果犯了什么事，齐王直接就可以治他的罪。他到底犯了多大的罪，以至皇帝直接插手齐国内政，发起诏狱，把他千里迢迢押到长安执行肉刑？

我们可以参照的史料，是《史记·扁鹊仓公列传》。标题里的这位仓公就是淳于意，在齐国任职太仓长，所以被人尊称为仓公或者太仓公。你应该注意到了，司马迁把仓公和扁鹊合写在一篇传记当中。显然，这位仓公，也就是淳于意，并不仅仅是废除肉刑事件当中的一个陪衬角色，更是可以和扁鹊比肩的一代神医。

淳于意是临淄人氏，复姓淳于，单字名意。他从小喜爱医术，汉高后八年（前180年）拜本郡公乘阳庆为师。阳庆当时已经七十多岁了，膝下无子。他让淳于意抛弃从前所学，决定把自己看家的本领都教给他。淳于意听了阳庆的话，从零开始跟着阳庆学习，学了三年，医术大成。

今天，一个三甲医院医生的求学、工作路径是：从本科到博士毕业需十一年，规范化培训三年拿到住院医师的资格后，再经过三年的专科医生规范化培训才有资格申请晋升为副主任医师、主任医师。然而两千年前的淳于意，短短三年时间就医术大成。从此以后，淳于意经常游走在各个诸侯国之间行医，有时候还会拒绝诊治病人，因此心怀怨恨的病人家属越来越多。

可是，淳于意明明在齐国任职太仓令，或者按

《史记·扁鹊仓公列传》的说法是太仓长，总之是个齐国政府里的公职人员，却为了行医常年在外，自己的本职工作难道不管了吗？这个问题还真没有合理的解释。无论如何，有人上书向朝廷告了淳于意一状，论罪要将淳于意押解到长安受刑，接下来才有了缇萦救父的一段传奇。

问题出现了：这件事到底发生在哪一年呢？同在《史记》这部书里，《扁鹊仓公列传》说是文帝前四年（前176年），《孝文本纪》说是文帝前十三年（前167年），差距也太大了。对于两种互相矛盾的记载，在缺乏旁证的情况下，我们应该优先采纳的自然只能是《孝文本纪》。毕竟废除肉刑是大事件，本纪发生时间错误的可能性很低。

还有一个疑点：根据《扁鹊仓公列传》的上下文，状告淳于意的人应该是被他拒诊过的病人家属，那么出于常理，告状应该告到齐国当局，而不是告到汉文帝这里。退一步说，即便真的告到了汉文帝这里，如果淳于意的罪过只是拒诊外加脱岗，汉文帝只要把事情打发到齐王那边就行了，不至于发动诏狱，大老远地从齐国把淳于意提溜过来施加肉刑。整件事情，处处都透着不合理。

废除肉刑

原文：

天子怜悲其意，五月，诏曰："诗曰：'恺弟君子，民之父母。'今人有过，教未施而刑已加焉，或欲改行为善而道无繇至，朕甚怜之！夫刑至断支体，刻肌肤，终身不息，何其刑之痛而不德也！岂为民父母之意哉！其除肉刑，有以易之；及令罪人各以轻重，不亡逃，有年而免。具为令！"

丞相张苍、御史大夫冯敬奏请定律曰："诸当髡者为城旦、舂；当黥髡者钳为城旦、舂；当劓者笞三百；当斩左止者笞五百；当斩右止及杀人先自告及吏坐受赇、枉法、守县官财物而即盗之、已论而复有笞罪者，皆弃市。罪人狱已决为城旦、舂者，各有岁数以免。"制曰："可。"

是时，上既躬修玄默，而将相皆旧功臣，少文多质。惩恶亡秦之政，论议务在宽厚，耻言人之过失；化行天下，告讦之俗易。吏安其官，民乐其业，畜积岁增，户口浸息。风流笃厚，禁罔疏阔，罪疑者予民，是以刑罚大省，至于断狱四百，有刑错之风焉。

也许真的是被缇萦的上书触动，汉文帝大发慈悲，正式下诏废除肉刑。丞相张苍和御史大夫冯敬修订法律规范，将本该施加肉刑的各种罪行都改变了刑罚方式，轻则劳役、徒刑，重则鞭笞、斩首。

这里有一处关键信息："及令罪人各以轻重，不亡逃，有年而免。"意思应该是说，被判为服劳役的罪犯，从此有了固定刑期，只要老老实实服刑，到期就会释放。果真如此的话，这件事的划时代意义就在于，以前的劳役刑没有期限，或者说是不定期的，有了赦令才会放人，现在改成有期徒刑了。（杨安森《秦汉时期刑罚的羞辱功能问题研究》）

淳于意被免除肉刑之后，到底受到了怎样的刑罚呢？很遗憾，史料并没有给出线索。但从《史记·扁鹊仓公列传》来看，淳于意无论如何都活下来了，甚至还活得不错。

文帝问医

淳于意回家之后，汉文帝没忘记他的神医身份，派人仔仔细细问他是怎么学的医，治过哪些人，都是怎么治的，治好了没有。淳于意一五一十，一共交代了二十五次行医经历，长篇大论，巨细靡遗。这些内容并不是临时回忆出来的，淳于意回答说，治疗过的所有病患，自己都留有所谓"诊籍"，大约相当于今天的病历。从诊疗结果来看，似乎不存在夸大其词的问题，因为在二十五个病例当中，十五例治愈，十例死亡，并不是传说中神医该有的药到病除。这些病例，有人做过统计，患者上至王公贵族，下至平民奴仆，男性十八例，女性七例，有名有姓者二十一例，涉及内科、外科、伤科、儿科、妇产科、口腔科、寄生虫科。（门淑芬《西汉名医淳于意研究》）显然，淳于意是一位很厉害的全科大夫。

从《史记·扁鹊仓公列传》来看，汉文帝和淳于意一问一答，反反复复，不禁让人怀疑整篇内容会不会是对话体的纯虚构创作。在文帝的提问中，最有意思的是这样一个问题："你的老师阳庆是从哪里学到的医术啊？齐地诸侯知道他的名声吗？"淳于意的回答是："我也不知道老师的医术是跟谁学的。他家里很富有，他精通医术却不愿意为人治病，所以并没有名声流传在外。老师还叮嘱过我：'千万别让我的子孙知道你跟我学过医术啊。'"

前文不是才说了这位阳庆都七十好几了却没有孩子，所以才对淳于意倾囊相授吗，怎么这时候又突然叮嘱淳于意对自己的儿孙保密呢？而且从常理来看，医术，尤其是古代医术，极其仰仗经验，一个从没有实践经验的人怎么可能仅凭理论知识就真会行医治病呢？

刘则之死

汉文帝还问了一个耐人寻味的问题:"你知道齐文王卧病在床到底是怎么回事吗?"

文帝提到的这位齐文王,名叫刘则,说起来曾经是淳于意的主君。第三辑里讲过,当初诸吕之乱,闹得最起劲的就是齐王三兄弟:刘襄、刘章、刘兴居。三兄弟处心积虑,要让齐王刘襄登上皇位,没想到功臣集团忌惮齐国的实力,请来最没根基的代王刘恒继位,这就是汉文帝。汉文帝运气很好,登基没多久,刘襄就死了,齐国由刘襄的太子刘则继承。汉文帝充分利用了这个时机,狠狠欺负小孩子,从齐国版图上割出一个城阳国封给刘章,又割出一个济北国封给刘兴居。[1]

刘则继任齐王的时候还只是个孩子,不可能对汉文帝形成威胁。而当他病重不起时,也还没到二十岁。淳于意回答文帝的问询,说自己并未曾亲眼见过刘则的病状,只是听人说起,刘则当时有气喘、头痛、眼花的毛病。淳于意判断这不是病,只是刘则太胖,缺乏运动,用不着医治,只要加强锻炼就好了。但是,听说主治医生用灸法为他治疗,反而加重了病情,这

---

[1] 详见《资治通鉴熊逸版》(第三辑)第219讲。

应该就是刘则的死因吧。

我们梳理一下时间线。缇萦救父，废除肉刑，发生在文帝前十三年（前167年）。三年，文帝封齐相召平之子为侯，食邑"千四百一十户"（《史记·惠景间侯者年表》），目的应该是表彰召平当年的功勋，敲打一下齐国那些别有用心的人。

如果你看过第三辑，那么召平的事迹也许你还有印象：当年诸吕之乱，刘则的父亲齐王刘襄要发兵西入长安，齐相召平果断行使了代表中央监管诸侯国的职责，为阻挠刘襄付出了生命。[1] 汉文帝登基之后，最不放心的应该就是齐国了。趁着刘则年纪还小，文帝分化瓦解齐国，又积极插手齐国内政，树立中央权威，捉拿淳于意应该也是这盘大棋里的一步。在废除肉刑的两年之后，刘则英年早逝，没有子嗣，汉文帝趁机把齐国一分为六。

刘则死得蹊跷，汉文帝会不会是幕后黑手呢？如果淳于意的医疗记录可信的话，那就意味着两年前受惠于汉文帝的淳于意以齐国神医的身份为刘则的死因一锤定音，让阴谋论没了土壤。当然，事情的真相究竟如何，后人也只能想象和推测了。

---

1 详见《资治通鉴熊逸版》（第三辑）第199讲。

012
重新认识汉文帝免除农业税

原文:

六月,诏曰:"农,天下之本,务莫大焉。今勤身从事而有租税之赋,是为本末者无以异也,其于劝农之道未备。其除田之租税!"

文帝前十三年(前 167 年)的最后一桩大事虽然在《资治通鉴》里只有短短两句话,但它在古代中国的历史上不仅前无古人,而且后无来者,那就是免除全部农业税。如果你是当时的一名自耕农,这项政策对你而言,就意味着你打下来的所有粮食都归你自己。

汉文帝的诏书说:农业是天下的根本,再没有比农业更重要的事情了,但如今政府不但对农业征收农业税,对商业也征收商业税,岂不是对本业和末业一视同仁吗?这可不应该,干脆把农业税彻底取消好了。

正当性

一项政策到底是好是坏，有三个基本指标可以衡量：正当性、可行性，以及可持续性。比如一项敲骨吸髓、横征暴敛的政策，首先就缺乏正当性，属于恶政或者苛政；这项政策如果推进下去，预计很快就会激起民变，这说明它在实际操作中难以为继，缺乏可行性；如果政府的榨取能力强，即便是百分之百的税率也能贯彻到底，没人胆敢反抗，但这属于杀鸡取卵，收得来当年，收不来明年，缺乏可持续性。

让我们拿这三个指标来看汉文帝的农业税新政。首先，正当性似乎不成问题，毕竟轻徭薄赋一直都是善政的标志。这样一比，"尧舜禹汤文武周公"这一串儒家天天挂在嘴边的圣人，难道从此都矮了汉文帝一头？当然不可能。正当性指标有一点可以商榷的余地。

第一辑里提过，孟子和白圭有过一段对话。白圭就税制问题征求孟子的意见，说自己想给魏国人民减税，改成二十税一，也就是按照百分之五的比例收税。没想到孟子很不给面子，说白圭这么搞，属于"貉道"。所谓"貉道"，意译过来就是"蛮族的做法"，带有强烈的贬义。孟子认为，蛮族之所以税率低，是因为生产和生活方式都很简单，但华夏文明不一样，既有公共服务，又有社会分工，税率太低就没办法维持社会的正常运转。[1] 这正是儒家鼓吹的中庸之道的体现：凡事要适度，把握好分寸感。税收这种事既不能走到"苛政猛于虎"的极端，也不能走到"去人伦，无君子"这个相反的极端。

因此，古人评价汉文帝的免税政策，一方面称赞文帝的节俭和重农精神，一方面认为这个举措有点过了。有人说，这种事偶一为之就行了，不能作为经常性政策："尽除租税不可为经常，盖欲极所以劝农之道耳，非帝之节俭亦莫之能行也。"（［清］何焯《义门读书记·前汉书》）

也有人说，有田就有田租，天经地义："有田则有租，此天地自然之常理，百王不易之定法也。食王土，为王民，无终岁不纳租税之理。人君不横征而多取之，斯当矣，岂有尽除之理哉。文帝斯举，固其仁厚之政，恭俭之效，要之不可为常也。虽然，其视后世尽民所有而取之者，何啻天渊哉。"（［明］丘濬《世史正纲·卷三》）

---

[1] 详见《资治通鉴熊逸版》（第一辑）第 165 讲。

可行性

再看可行性指标：免税政策一旦推行，农民当然开心，但朝廷用度不够该怎么办呢？治水、赈灾、抗击匈奴这些事，都要消耗大量的人力物力。如果只靠人头税和工商业税收，估计只能撑几年。不过，毕竟能撑几年，所以可行性倒也勉强过关，但从可持续性来看，一个不收农业税的农业国家真的能走远吗？

正因为有这些问题存在，从20世纪80年代以来，随着学术研究的深入和出土文献的增多，关于这项政策的具体内容，学者们争议不断。

我们最熟悉的说法，就是汉文帝真的完全免除了农业税：免税政策一共持续了十二年，直到文帝驾崩、景帝即位，才恢复征税，税率是"三十税一"。还有一种说法认为，文帝完全免除农业税仅仅针对文帝前十三年（前167年）当年，是一项临时性优惠政策，第二年就恢复成了"十五税一"，然后等到景帝即位，为了邀买人心，把文帝时代的"十五税一"减半，这才变成了"三十税一"。（臧知非《汉文帝十三年免除田税新证——兼论汉文帝经济政策》）两种说法各有各的理据，几十年来，谁也说服不了谁。我自己是倾向于前一种说法的，因为汉文帝这段时间的各种政策，怎么看怎么像是一套组合拳——又是废除肉刑，又是免除农业税，又是开放关卡，又是取消了适龄男丁戍边一年的律令，一切都指向同一个政治意图：跟诸侯国争人心，争人口，争资源，让天下人都想到汉政府的直辖区当居民，做买卖，享受直辖区特有的福利。而在这一系列政策的背后，财政方面的推手就是晁错的"徙民实边"和"入粟拜爵"。

明朝学者于慎行发出过一个疑问："至乃除去田租，恐必别有经计，不可不考也。"意思是说，彻底免除农业税的话，国家开支从何而来呢？这种事，即便是三代盛世也做不到啊。所以，汉文帝一定还有别的收入来源。（［明］于慎行《读史漫录·卷三》）这个怀疑一点儿没错。当时既有人头税，又有工商税，而关键之处在于，有了"徙民实边"和"入粟拜爵"之后，汉政府不用征粮了，自然也就不用运粮了，这可比什么"十五税一""三十税一"省心太多了。

可持续性

当然，这套政策经不起可持续性这个指标的考核，毕竟爵位并不真像晁错说的那样全凭皇帝一张嘴，想有多少就有多少，而是相当于一种信用货币，一旦超发，必然导致通胀。事实上，汉朝的爵位确实在不断贬值。

此外，政策之间的关联性是我们必须看到的关键。汉文帝的免税政策之所以前无古人，后无来者，不是因为后世的帝王都穷奢极欲、横征暴敛，而是因为如果缺少了"徙民实边"和"入粟拜爵"这些配套手段的话，免税就等于找死。再者，如果后世帝王有足够的征税能力，不论土地怎么兼并都能按照耕地面积征收固定税率，又有大运河连接南北的话，也就犯不上"徙民实边"和"入粟拜爵"了。

换个角度

我们读历史，读的大多是帝王将相的故事，再加上人天然有英雄崇拜的情结，所以很容易把自己代入统治者的角色。如果换一个角度，试着代入平民百姓的角色去理解汉文帝的一系列惠民政策，会不会有不一样的感觉呢？

晁错的文章里描述说，农户一个"五口之家"，最多不过耕作一百亩地，总产量不过一百石粮食，除了养家糊口，最多不过略有盈余而已。不难想见，这些人根本就没有能力"入粟拜爵"。既有能力又有动力这么做的，一定是大地主、大商人，或者是大地主兼大商人。但是，大地主、大商人"入粟拜爵"的动力越强，兼并土地的动力也就越强，而给佃农提高田租的动力同样会越强，最后佃农得到的粮食实际上会更少。

晁错虽然在文章中猛烈抨击土地兼并，认为这是汉帝国最为严峻的一个社会问题，但他的着眼点并不是民生和农民负担问题。他指出，在土地兼并愈演愈烈之后，以汉帝国不太高的集权程度和不太强的征税能力，农业税会收不上来。所以晁错要做的，是在承认朝廷的集权程度不高和征税能力不强的既成事实基础上，去解决朝廷的农业税征收问题和国家的粮食储备问题。至于农民的境遇到底会因此改善还是恶化，那就不是晁错操心的了。

也就是说，晁错要解决的是农业问题，而不是农民问题。农业问题和农民问题是两码事："重农"作为古代中国一以贯之的基本国策，重视的是农业，而不是农民。在帝国的天平上，农民是可以为农业牺牲的。所以到了汉武帝时代，董仲舒描述的社会现象已经是"富者田连阡陌，贫者无立锥之地"。

如果站在当时一名普通商人的角度，账很好算：经商赚再多钱，都不是长久之计。如果想长久，想让赚来的钱保值增值，经典策略只有一个："以末致财，用本守之。"(《史记·货殖列传》)而农业政策是农业税全免，交粮食还可以换爵位。那还有什么好说的，赶紧买田置地。买来的田要雇佃农耕种，佃农该交的田租，可以在不损害他的劳动积极性的前提下尽可能多一点。综合各种史料来看，当时佃农交给地主的田租大约是粮食总产量的百分之五十，甚至更多一些。负担是不是过重，就看大地主的运作能力了。如果佃农不但脱离了国家户籍，还能避免被作为奴婢身份进行人口申报的话，那么在国家层面上，他就变成了隐形人，既不用缴纳人头税，也不用承担劳役和兵役。

当然，最大的受益者是大商人和大地主。后来的历史上看出了这个问题的明眼人并不少，比如宋朝大儒吕祖谦曾发表言论："官家之惠优于三代，豪强之暴酷于亡秦，是上惠不通，威福分于豪强也。今不正其本而务除租税，适足以资富强。"（[宋]吕祖谦《大事记·卷十》）意思是，汉文帝的惠民政策看上去很美好，但并没有真的起到惠民效果，税收优惠都被豪强之家享受了。在吕祖谦看来，汉文帝的经济政策就像古今中外的很多经济政策一样，用心良善但事与愿违。我们现在再来看，汉文帝和晁错其实没那么单纯，是吕祖谦把事情想单纯了。

汉文帝前十四年

---------- 013 ----------

冯唐是怎么为文帝献策的

匈奴来犯

原文：

（前十四年）

冬，匈奴老上单于十四万骑入朝那、萧关，杀北地都尉卬，虏人民畜产甚多；遂至彭阳，使奇兵入烧回中宫，候骑至雍甘泉。

汉文帝前十四年（前166年），头等大事就是匈奴在年初来犯，并且是老上单于亲自统率十四万大军浩浩荡荡杀人越货来了。

我们重温几个重要的背景知识：

第一，老上单于是冒顿单于之子，在相当程度上延续了冒顿单于的作风，能征善战。

第二，汉朝使者中行说激于私怨，成为老上单于的谋主，使匈奴知己知彼，如虎添翼。

第三，汉文帝才跟匈奴断绝了和亲关系，翻脸了。

既然翻了脸，汉帝国这边就在晁错的策略帮助下积极备战，想给匈奴一次重创，让匈奴人就算好了伤疤也忘不了疼。匈奴那边当然也要好好打个胜仗才行，毕竟事关老上单于的权威，一旦认了尿，队伍就不好带了。所以当下这一仗，对双方而言都是明牌，因此双方都倾尽全力，志在必得。只不过综合来看，匈奴的赢面更大，因为汉帝国推进晁错的"徙民实边"和"入粟拜爵"方案还不到一年时间，不足以应付匈奴的大举入侵。

结果，汉帝国确实没应付下来。匈奴大军突破长城，攻入北地郡，大肆劫掠。这还不算，老上单于甚至发动了惩罚性打击，派出别动部队深入汉帝国腹地，烧了皇帝的回中宫，还在甘泉宫下耀武扬威。自从刘邦平城之败以来，汉帝国还从没被匈奴这样按着打过。照理说，匈奴无论来多少人，都应该一切如常，只是在边境地带烧杀抢掠一通。进逼长安，烧毁皇家宫殿这种事，于匈奴而言纯属损人不利己，仿佛仅仅是为了把口水啐到汉文帝脸上。汉文帝只要是个正常人，一定气炸了肺。

预期破灭

原文：

帝以中尉周舍、郎中令张武为将军，发车千乘、骑卒十万军长安旁，以备胡寇；而拜昌侯卢卿为上郡将军，甯侯魏遬为北地将军，隆虑侯周灶为陇西将军，屯三郡。上亲劳军，勒兵，申教令，赐吏卒，自欲征匈奴。群臣谏，不听；皇太后固要，上乃止。

于是以东阳侯张相如为大将军，成侯董赤、内史栾布皆为将军，击匈奴。单于留塞内月余，乃去。汉逐出塞即还，不能有所杀。

文帝不但调兵遣将，不惜以举国之力和匈奴决战，而且亲自劳军，决定御驾亲征。不管群臣怎么劝阻，文帝都不听，直到太后出面，这才拦住了。我们不难理解，文帝应该不是作秀，因为一来从情绪上说，匈奴欺人太甚，是可忍孰不可忍；二来从理智上说，文帝但凡露出一丁点的厌态，就再也没资格号令诸侯了。所谓"欲戴王冠，必承其重"，就是这么个道理。人群和狼群一样，头狼只要尿了，领导力马上就没了。

匈奴侵入汉帝国的边境之后，逗留了一个月才走。汉军追到边境，不敢更进一步，更没有取得什么战绩。所以这一仗，实实在在是匈奴赢了。晁错的美好预期至此彻底破灭。

这一仗决定了未来多年的汉匈关系：匈奴越发志得意满，年年都要搞事情；汉帝国疲于奔命，基本上就是一种无计可施的窘迫状态，最后没辙了，还得搬出"和亲"这个老方子。可见，晁错"徙民实边"的策略并未达到目的。这当然可以怪汉文帝虽然欣赏"徙民实边"策略，却并不曾认真推进，但我们不妨假想一下，如果汉帝国不遗余力地去推进"徙民实边"的策略，真的可以防住匈奴吗？答案是大概率不能。因为汉帝国的北方国境线实在太长了，问题远不是守住几个甚至几十个要塞大城就可以解决的。

冯唐其人

原文：

上辇过郎署，问郎署长冯唐曰："父家何在？"对曰："臣大父赵人，父徙代。"

此时，老臣冯唐出场了。

冯唐的出场在《资治通鉴》里显得特别突兀，是因为司马光删掉了很多《史记·张释之冯唐列传》中的内容。《史记》记载，冯唐的祖父是赵国人，父亲这一代迁徙到代国，在汉朝建立后又把家搬到了长安附近的安陵。安陵是惠帝的陵墓，按汉朝的规矩，皇帝陵附带陵邑，要从外地迁徙一批豪族富户过来定居，相当于给皇帝守陵，冯唐一家应该就是这样搬过来的。冯唐有孝顺的名声，因此做了中郎署长。

从这里，我们可以看到汉朝初年官员选拔制度的又一个实例：家境优渥的人，因为有孝顺的名声，可以被地方政府举荐到皇宫担任郎官。第三辑里讲过，汉朝皇帝的贴身侍卫，也就是归郎中令管的郎官们，很多都是高干子弟，还有一些是被各种渠道推荐出来的年轻人。皇帝安排他们做侍卫，并不指望他们真能起到保驾的作用，而是拿他们当助手，发现有好苗子就提拔起来当官。[1] 冯唐不是高干子弟，而是"被各种渠道推荐出来的年轻人"之一。

冯唐的职场生涯非常平淡，明明年纪很大了，却还没有被外派做官，甚至从没有被皇帝注意到，仅仅

---

[1] 详见《资治通鉴熊逸版》（第三辑）第202讲。

做了一个郎署长的差事。郎署是郎官值勤的所在，冯唐的角色很像是一位宿管大叔。郎官本来都是青年才俊。在一群青年才俊当中竟然出现了一位大叔的身影，自然会让汉文帝感到错愕。所以偶然在郎署看到冯唐的时候，汉文帝很吃惊，问出了一句名言："父老何自为郎？"文帝称呼冯唐为"父老"，相当于"大叔"或者"老人家"。如果冯唐有着正常程度的自尊心，听到这句问话，一定很受伤。

文帝的叹息

原文：

上曰："吾居代时，吾尚食监高祛数为我言赵将李齐之贤，战于钜鹿下。今吾每饭意未尝不在钜鹿也。父知之乎？"唐对曰："尚不如廉颇、李牧之为将也。"上搏髀曰："嗟乎，吾独不得廉颇、李牧为将！吾岂忧匈奴哉！"

君臣二人聊了起来，切入点是共同的生活经历——他们早年都在代国生活过。这个故事在第三辑里讲过。文帝回忆自己做代王的时候，有一名侍奉自己饮食的官员，名叫高祛，是当地人。高祛经常向自己讲述当年赵国将军李齐在巨鹿城的英勇战绩，让汉文帝心荡神驰，以至于如今虽然离开了代郡，入驻首都长安当了皇帝，但一到吃饭的时候，他就会想起李齐在巨鹿之战中的英姿伟貌。汉文帝向冯唐打听："您也了解这位家乡的英雄吗？"冯唐答道："作为将领，李齐其实比不上廉颇和李牧。"[1]

冯唐的祖父当年和赵国名将李牧是同僚，父亲和李齐是同僚，所以冯唐说起那段往事，知根知底，绘声绘色，把汉文帝说得心潮澎湃。汉文帝拍着大腿叹息说："我手下如果有廉颇、李牧这样的将领，哪还会像现在这样为匈奴问题发愁呢！"

原文：

唐曰："陛下虽得廉颇、李牧，弗能用也。"

上怒，起，入禁中，良久，召唐，让曰："公奈何众辱我，独无间处乎！"

万万没想到在这种气氛之下，冯唐直愣愣地回了一句："依我看，陛下就算得到廉颇、李牧这样的将领，也不会用。"

对话发生在郎署，在场的肯定还有郎官、宦官，

---

[1] 详见《资治通鉴熊逸版》（第三辑）前言。

而不是只有文帝和冯唐两个人。汉文帝顿时火冒三丈，扭头走了。过了好久，文帝消化掉了负面情绪，召见冯唐，当面问道："你怎么可以当众羞辱我呢？那些话难道就不能找个没人的地方悄悄跟我讲吗？"

我们不得不佩服汉文帝的肚量。古人颇具分寸感，确实一直有"扬善于公堂，规过于私室"的原则——在公开场合要多夸别人的优点，到了私密场所再去规劝人家哪里做错了。冯唐一把年纪，说话确实过于百无禁忌了。

冯唐献策

原文：

唐谢曰："鄙人不知忌讳。"上方以胡寇为意，乃卒复问唐曰："公何以知吾不能用廉颇、李牧也？"唐对曰："臣闻上古王者之遣将也，跪而推毂，曰：'阃以内者，寡人制之；阃以外者，将军制之。'军功爵赏皆决于外，归而奏之，此非虚言也。臣大父言：李牧为赵将，居边，军市之租，皆自用飨士，赏赐决于外，不从中覆也。委任而责成功，故李牧乃得尽其智能，选车千三百乘，彀骑万三千，百金之士十万，是以北逐单于，破东胡，灭澹林，西抑强秦，南支韩、魏。当是时，赵几霸。其后会赵王迁立，用郭开谗，卒诛李牧，令颜聚代之，是以兵破士北，为秦所禽灭。今臣窃闻魏尚为云中守，其军市租尽以飨士卒，私养钱五日一椎牛，自飨宾客、军吏、舍人，是以匈奴远避，不近云中之塞。虏曾一入，尚率车骑击之，所杀甚众。夫士卒尽家人子，起田中从军，安知尺籍、伍符！终日力战，斩首捕虏，上功幕府，一言不相应，文吏以法绳之，其赏不行，而吏奉法必用。臣愚以为陛下赏太轻，罚太重。且云中守魏尚坐上功首虏差六级，陛下下之吏，削其爵，罚作之。由此言之，陛下虽得廉颇、李牧，弗能用也！"

上说。是日，令唐持节赦魏尚，复以为云中守，而拜唐为车骑都尉。

冯唐道了歉。此时，汉文帝正在为老上单于大举入侵的事情忧心，一定要冯唐给自己讲清楚："你怎么就敢断言朕就算拥有廉颇、李牧也无济于事呢？"

冯唐的回答，归纳起来只有一个重点：将军领兵在外，人、财、物的调配与赏罚必须全由他一个人说了算。当年李牧为赵国防御北境，在军区里设置市场，利润和税收由李牧全权支配，犒赏将士的财富就是这么来的。打仗的事就更不用说了，他想怎么打就怎么打，国君只看结果。

为什么说汉文帝有了廉颇、李牧也不行呢？冯唐的看法是："听说如今的云中郡守魏尚也像当年的李牧一样，开设市场，用经营所得犒劳将士，全军上下斗志昂扬，匈奴都得绕着他们走。匈奴倒是也曾进攻过云中郡一次，当时魏尚率军出击，斩获良多，没想到反而招来了麻烦。军人尽是农家子弟，虽然敢拼敢打，却搞不清政府的文书流程。功劳报上去，负责审批的公务员要做核实，只要一句话没对上就严格法办。魏尚报上去的斩首数字和清点出来的敌军人头差了六个，因此就被削爵治罪，实在不像话。以此看来，就算是廉颇、李牧那样的名将为朝廷效力，一样逃不过这个结局。"

冯唐这一席话，说得汉文帝心悦诚服。当天他就派冯唐手持使节去赦免魏尚，使魏尚官复原职。冯唐也被升任为正式的武职，不用再耗在郎署当候补干部了。

问题来了：虽然汉帝国自创建以来施行郡国双轨制，但皇帝总是有心推进中央集权，理想目标是指挥全国每一个角落都能做到如臂使指，对任何一个人都可以轻松拿捏。所以，对于诸侯国，他一方面要不断地分化瓦解，另一方面要削弱诸侯王对封国的控制权。而对于帝国直辖区的郡县，也不是说直辖了就一劳永逸，还是要严加防范，绝对不能让地方长官变成土皇帝。如果给郡守太大的自主权，将来郡守要闹独立怎么办？郡守跟诸侯王勾结起来反抗中央又怎么办？

014

冯唐的边境策略为什么会失败

这是一个经典的管理难题,特别让皇帝头疼:想管,怕一管就死;想放,怕一放就乱。让我们重新想想李牧的先例——没错,他拥有全权,指挥调度得心应手,但如果国君对他真的放心,他也不至于因为奸臣郭开的谗言而丢了性命。再想想王翦统率六十万秦军去打灭楚之战,一路之上需要通过不断自污的方式来消除秦王嬴政的疑虑。这是政治结构使然。大放权式的打法虽然可以收效于一时,却注定没有可持续性。不然的话,刘邦也不至于费心铲除异姓王,贾谊也不至于提出"众建诸侯而少其力"的方案了。

北方边郡

要理解这个问题,我们需要了解汉帝国直辖区的郡县管理模式。

郡可以分为三个类型：京畿、内郡和边郡。大体而言，京畿就是大长安地区，帝国首都、政治中心。内郡就是位于内地，不直接承受外来军事威胁的郡，因此物阜民丰，是国家的重要税源，也是统治的基本盘。边郡位于帝国边疆，环境既艰苦又危险，直接承担着防御强敌的压力。

汉帝国的北方边郡至关重要，因为它们直接和匈奴活动的地区接壤。魏尚担任郡守的云中郡就是汉帝国的北方边郡之一。早在战国时代，赵武灵王击破林胡、楼烦，向北部开疆拓土，设置了云中郡，郡治云中城在今天内蒙古呼和浩特市西南六十公里的地方，古城遗址还在。当年赵武灵王准备在云中和九原探索一条行军路线，由北向南奇袭秦都咸阳。[1]虽然这个大胆而离奇的战略构思没能实现，但我们不难想到，如果匈奴拿下了云中郡，大有机会轻骑南下，进逼长安。（吴丰享《西汉云中郡属县治城位置新考》）

到了汉文帝时代，云中郡成为北防匈奴的重镇。然而，从制度上，郡守并没有发兵的权力，因为在此之前，汉文帝重新设计了一套符号化的凭证制度，将新式的铜虎符、竹使符颁行帝国全境。从此以后，无

---

[1] 详见《资治通鉴熊逸版》（第二辑）第086讲。

论是汉政府直辖的郡,还是诸侯王名下的国,都由标准制式的铜虎符调动军队,只有当朝廷发来的半枚虎符和郡守、国相保存的半枚虎符扣合无误——也就是我们今天常用的一个词"符合"——军队才可以开拔。[1]

但问题是,虎符制度用于内郡倒是不难,而用于边郡的话,匈奴来去如风,等这边郡守虎符到了,匈奴可能早就满载而归了。这并不是汉文帝遇到的新问题,而是早在战国时代就已经存在。1975年,西安旁边的沈家桥村出土了一枚秦国虎符。因为这里本是秦国的杜县,所以这枚虎符被称为杜虎符。杜虎符上有清晰的铭文,说这枚虎符是调兵用的,右边那一半由国君保存,左边这一半保存在杜县,凡是需要调兵五十人以上的,必须左右两符相合才能调动。但最后还有一句补充说明:如果遇到"烽燧之事",也就是举烽火报警的紧急军情,那就别管合不合符了,马上采取行动。

以情理推断,一来汉承秦制,二来边郡自然会经常遇到"烽燧之事",这是内郡遇不到的,所以边郡郡守的军事调遣权、指挥权一定高于内郡郡守。虽说只

---

[1] 详见《资治通鉴熊逸版》(第三辑)第199讲。

要没出现"烽燧之事",边郡郡守就不能灵活调兵,但在烽火台上燃几处烽火,又是多难的事呢?

分权制衡

汉帝国的北方边境那么长,边郡那么多,如果个个郡守都像李牧一样,军权、财权、人事权一把抓,岂不是比匈奴更可怕吗?匈奴无非劫财,"自己人"却可以要命。

汉帝国的办法既很经典,也很无奈,指导方针是我们很熟悉的四个字:分权制衡。首先,给边郡郡守安排一个副职,称为长史,辅助郡守掌兵。长史由中央委任,而不是由郡守委任。其次,一个边郡之内还要设置几个部都尉,各自统领一支军队,有相对独立的指挥权。并且,部都尉的级别是比二千石,和郡守的二千石差别不大,也就是说,两者虽然职权有别,但地位相差不大。各个部都尉之间是平级关系,互不统属。(陈鹏宇《汉代"北边"郡军事领导机构制衡机制研究》)

汉帝国在边郡问题上终于走上了分权制衡的路线,廉颇、李牧的传奇也就只能成为传奇了。虽然汉文帝一时被冯唐的话打动,甚至心潮澎湃,但这种放权政策在汉帝国心心念念提升集权水平的努力之下，注定只能成为临时性的策略，而不可能行之永久。所以我们不难理解，魏尚官复原职之后，为何非但没能像李牧那样大放异彩，扫除边患，反而在不久之后的战斗当中被匈奴打得很惨。[1]

冯唐易老

因为这个小小的插曲，冯唐从此成为一个文化语码，代表着韶华易逝，岁月蹉跎。通俗讲就是才华横溢但运气太坏，一大把年纪了还和后生晚辈平级。好不容易才华被重视了，但人也老了，折腾不了几年。王勃的名文《滕王阁序》中有这样几句自伤自怜的漂亮话："呜呼，时运不齐，命途多舛。冯唐易老，李广难封。"和冯唐对标的名人是飞将军李广。李广打了那么多仗，立了那么多功，却一辈子坎坎坷坷，不能以军功封侯，如果要怪，实在只能怪运气了。

历朝历代，嫌弃自己一大把年纪却还没能混出头的人，都很喜欢拿冯唐的典故发牢骚。这样一看，王勃的《滕王阁序》无论文采多高，无论是怎样一篇

---

[1] 详见后文第017讲。

千古名文，也实在太矫情了。王勃明明就是少年成名，只是遭受了半粒芝麻大的挫折，竟然好意思感慨什么"冯唐易老，李广难封"。我们再看看唐朝的大诗人姚合，说"汉有冯唐唐有我，老为郎吏更何人"（姚合《偶然书怀》），嫌自己年纪太大，官职太小，同事都是小年轻。可这点牢骚真的值得写进诗里吗？在那些把冯唐作为典故的文人里，到底还是苏轼来得豁达："酒酣胸胆尚开张。鬓微霜。又何妨。持节云中，何日遣冯唐。会挽雕弓如满月，西北望，射天狼。"（苏轼《江城子·密州出猎》）苏轼可不是以冯唐自比，而是以魏尚自比，期待朝廷派遣冯唐一样的使节，让自己大放光华。这正是苏轼非常出彩的地方——天才，却懂务实；有好大喜功的毛病，但真诚；历经坎坷却一点都不矫情。

三件事

最后，简单交代一下这一年里的另外三件事情。

原文：

春，诏广增诸祀坛场、珪币，且曰："吾闻祠官祝禧，皆归福于朕躬，不为百姓，朕甚愧之。夫以朕之不德，而专飨独美其福，百姓不与焉，是重吾不德也。其令祠官致敬，无有所祈！"

是岁，河间文王辟疆薨。

初，丞相张苍以为汉得水德，鲁人公孙臣以为汉当土德，其应，黄龙见；苍以为非，罢之。

首先，关于祭祀，文帝下了一道诏书，说主管祭祀的官员一向只为皇帝求福，却不为百姓求福，自己作为皇帝太羞愧了。今后祭祀，只要好好向天地鬼神致敬就够了。

从文帝的这种姿态中，我们可以读出两层意思：第一，这正是孔子所谓的"敬鬼神而远之"。之所以"敬鬼神"，是因为"君子以神道设教"，用装神弄鬼的办法来降低统治成本，维系良善的社会秩序；之所以"而远之"，是因为假的就是假的，统治者可不能因为"神道设教"搞多了，连自己都陷进去了。第二，这正是天人感应观念的一种体现，认为人类社会和天地鬼神的世界存在着某种机械联动的关系，只要政治搞好了，自然就会国泰民安，风调雨顺，统治者无病无灾，反之，政治没搞好的话，就会招灾惹祸——这是自然规律，要想无病无灾什么的，那就只有一个办法，潜心修德，把政治搞好，祈祷可不会有任何作用。

再看下一件事：河间文王刘辟彊过世。

这位刘辟彊是已故赵王刘友的小儿子，在汉文帝即位初年受封为第一任河间王。[1]交代一句后话：刘辟彊死后，王位由儿子刘福继承，但刘福才当了不到一年河间王就过世了，没有留下继承人，河间国被收归中央，变成了中央政府的直辖郡。到了汉景帝时代，封皇子刘德为河间王，显然前后两个河间国已经不是同一回事了。

本年度的最后一件事记载方式特别奇怪，原文以一个"初"字开头，表示接下来要追叙过去的事情，而不是讲当年的事情。之所以做这样的安排，是为下一年的第一桩大事黄龙现身做一番前情提要式的铺垫。

---

[1] 详见《资治通鉴熊逸版》（第三辑）第224讲。

汉文帝前十五年

---------- 015 ----------

黄龙现身背后文帝的用意是什么

原文:

(前十五年)

春,黄龙见成纪。帝召公孙臣,拜为博士,与诸生申明土德,草改历、服色事。张苍由此自绌。

进入新的一年,汉文帝前十五年(前165年)。明明上一年里文帝下诏,命令祭祀官员从此好好向天地鬼神致敬就好,不要求这求那,但转眼到了这一年,反而特别有怪力乱神的气氛。

年初第一桩大事,就是有黄龙在人间现身。这件事到底意味着什么,需要我们往前追溯一下。

张苍年迈

先前，北平侯张苍出任丞相，为汉帝国制定律历，基本方针是这样的：汉朝在五德系统里属于水德，因此一切规章制度都要按照水德的标准制定。比如，历法以十月为岁首，数字以六为尊，服饰的颜色以黑色为尊，等等。看上去很烦琐，做起来其实一点都不难。因为秦朝就是以水德自居，一切规章制度都是按照水德的标准定好了的，张苍只要会抄作业就行。更何况张苍原本就做过秦朝的官，熟知秦朝的典章制度。

第三辑里讲过，张苍不但是学者型官僚，而且能征惯战，在刘邦旗下立了很多军功。等到刘姓江山已定，汉政府发现自己并不缺军事人才，反而文职官员匮乏。在功臣集团里，出身好的一共只有三位，除了"五世相韩"的张良和秦博士叔孙通，剩下的就是张苍了。好出身意味着熟悉政府运作的常规流程，而在这一点上，张苍比张良、叔孙通更有优势。[1] 等到平定诸吕之乱，拥立文帝登基，丞相陈平、太尉周勃、大将军灌婴、御史大夫张苍、宗正刘郢客、朱虚侯刘章、东牟侯刘兴居和典客刘揭领衔劝进，张苍对文帝算是有

---

[1] 详见《资治通鉴熊逸版》（第三辑）第208讲。

拥立之功的。如今时过境迁，曾经叱咤风云的陈平、周勃、灌婴都已经不在人世了，元老重臣就只剩下张苍一个。张苍此时大约已经有九十多岁，《史记》描写过两年之后的张苍，那时候他老人家满嘴的牙都落尽了。(《史记·张丞相列传》)张苍在丞相这个位置上坐了十几年，但凡还没有老糊涂，还有一丁点识趣的话，也该退位让贤了。

黄龙现身

忽然有鲁人公孙臣上书，说汉朝不是水德，而是土德，既然是土德，就一定会有黄龙现身，不信就等着瞧。汉文帝把公孙臣的上书交给张苍讨论，张苍认为这是一派胡言，改土德的提案就这样被否决了。

整件事透着阴谋论的气息。汉帝国把自己定性为水德都那么多年了，其间倒是有贾谊提过改正朔、易服色，没想到犯了众怒，被赶出了朝廷。但即便聪明博学如贾谊，也不敢说一定会天降祥瑞来印证自己的理论。这位公孙臣难道真的是一名淳朴的读书人，以可证伪的现代科学精神提出了自己的预见吗？

张苍这样的老江湖，其实应该意识到了来者不善，但他没当回事，大概以为公孙臣的上书只是莫名其妙的书生之见。没想到，黄龙真的现身了。史料中没能留下黄龙现身的具体记载，我们仅仅知道现身的地点在成纪县，位于今天的甘肃省境内，但这条龙到底是一副怎样的尊容，做了什么事，有多少目击者，就无从得知了。无论如何，当消息上报到中央政府时，汉文帝完全没有派出调查组核实真伪的意思，而是直接予以采信，还把公孙臣召进长安，授予其博士官，让他主持改定土德事宜。张苍虽然还在丞相的位置上，但从此被边缘化，距离罢官回家只有一步之遥。

如果本着纯粹的学术趣味，追问一下汉朝到底应该是水德还是土德，我们注定得不到确切答案。因为这套理论说在理也在理，说不在理也不在理，有了破绽就打补丁，补丁有了破绽就再打补丁，最后叠床架屋，制造出一个又一个理论精微的迷魂阵。这正是神学的特点。就像西方神学家争论耶稣到底是人还是神，或者既是人又是神，如果分出了胜负，那么胜利者从此高高在上，掌握真理的解释权，失败者则被打为异端，必须被真理的烈火烧成灰烬；如果不分胜负，那就一拍两散，双方在各自的势力范围里执掌各自的唯一真理，宣称对方是异端。汉文帝时代不存在一拍两散这个选项，终于水德理论落败，土德理论胜出。然而这并不是大结局，后来竟然又出了一个火德理论，汉朝因此被称为"炎汉"。

到底是水德、土德还是火德，从政治角度来看，其实都无所谓，重要的是汉文帝已经坐稳了皇位，要彻底肃清旧时代残存的元老势力。想想汉文帝在位的这些年，先后就任丞相一职的陈平、周勃、灌婴、张苍，都是刘邦一代的元老，汉文帝也该受够了。同时，汉文帝可以借此向天下人展示出汉帝国的全新气象——从水德改为土德，或者改为任何什么德都好，总之，要向天下人传递一个万象更新的信号。

大胆揣测一下，在文帝的心里，张苍大概扮演着"老而不死是为贼"的角色：既然熬了十几年都没能把他熬死，那就只能弄个黄龙出来逼他一下了，不然还能怎么办呢？

神道设教

原文：

夏，四月，上始幸雍，郊见五帝，赦天下。

九月，诏诸侯王、公卿、郡守举贤良、能直言极谏者，上亲策之。太子家令晁错对策高第，擢为中大夫。错又上言宜削诸侯及法令可更定者，书凡三十篇。上虽不尽听，然奇其材。

是岁，齐文王则、河间哀王福皆薨，无子，国除。

赵人新垣平以望气见上，言长安东北有神，气成五采。于是作渭阳五帝庙。

黄龙现身是春天的事情，当年夏四月，汉文帝到雍县祭祀五帝，大赦天下，五帝信仰因此得到了进一步的强化。

原先秦朝设有青帝、黄帝、赤帝、白帝之祠，刘邦初看之下觉得奇怪，转念一想，自己肯定就是黑帝，这就凑成了五帝。刘邦以黑帝自居，这也是汉朝认定自己是水德的一个原因。

那么，秦朝是水德，汉朝为什么也是水德呢？因为秦朝国祚太短，根本就不配在五德当中充当一德，真正的水德化身不是秦朝，而是汉朝。如今汉文帝祭祀五帝祠，相当于在黄龙出现之后通告天下，以此强化五德信仰，扮演一名拨乱反正的圣明天子。这番道理，无非是"圣人以神道设教"的体现，揣着明白装糊涂罢了。

当年九月，汉文帝广开言路，亲自出题考试，时任太子家令的晁错脱颖而出，被任命为中大夫。既然是中大夫，似乎还有上大夫和下大夫，但并不是，当时所谓"中"，意思是"宫中"。晁错从太子家令改任中大夫，相当于从太子身边的人变成了皇帝身边的人。晁错因此大受鼓舞，又向汉文帝提出了很多建议，足有三十篇之多，陈述削藩的必要性以及哪些法令应当修改。汉文帝虽然没有对晁错言听计从，但认识到了他是个难得的人才。

同年还有一件事，齐王刘则和河间王刘福都死了。两人都是英年早逝，后继无人，封国因此被纳入汉帝国的直辖郡县。

前文讲过，刘则是刘襄的继承人。刘襄、刘章、刘兴居三兄弟特别有政治野心，是汉文帝的心腹大患。刘则一死，齐国一除，汉文帝应该长吁了一口气。齐国神医淳于意为刘则之死做了背书：年轻人没病，被庸医误诊，这才不幸死了。言下之意是，刘则绝对不是汉文帝阴谋害死的。刘福是前一年过世的河间王刘辟彊的继承人，王位还没焐热就追随先父去了。这件事应该也能让汉文帝背过脸去，捂着嘴偷偷乐上一阵。

在这一年，赵国方士新垣平登上了历史舞台，以望气的本领得到汉文帝的亲自接见。新垣平说，长安东北有神灵之气，显现五彩。文帝很开心，下令在渭水北岸兴建五帝庙。以今天的知识水平，我们当然看得出新垣平是个骗子，但骗术之所以成功，是因为它刚好呼应了五德终始说，为汉帝国变为土德添砖加瓦。因此，汉文帝即便知道新垣平是个骗子，也一定会对他礼敬有加。

汉文帝前十六年至后元年

016
新垣平是怎么忽悠汉文帝的

原文：

（前十六年）

夏，四月，上郊祀五帝于渭阳五帝庙。于是贵新垣平至上大夫，赐累千金；而使博士、诸生剌六经中作王制，谋议巡狩、封禅事。又于长门道北立五帝坛。

徙淮南王喜复为城阳王。又分齐为六国。丙寅，立齐悼惠王子在者六人：杨虚侯将闾为齐王，安都侯志为济北王，武成侯贤为菑川王，白石侯雄渠为胶东王，平昌侯卬为胶西王，扐侯辟光为济南王。淮南厉王子在者三人：阜陵侯安为淮南王，安阳侯勃为衡山王，阳周侯赐为庐江王。

文帝前十六年（前164年），文帝再次祭祀五帝祠，为新垣平晋升官职，赏赐接二连三，又安排他和博士官、儒生一道撷取儒家六经之精华，制定全新的政府职官制度。巡狩、封禅诸事通通提上日程，还在长门道北为五帝立坛。这一系列的操作，已经完全是儒家繁文缛节的风格了，完全背离了文景时代的所谓无为而治。

接下来，文帝下诏，将淮南王刘喜恢复为城阳王，又将齐国一分为六。事情的前因是淮南王刘长被文帝治罪，绝食死在了押解的半途，文帝为了向天下人表示自己并不贪图淮南国的土地，改封城阳王刘喜为淮南王。现在他让刘喜重新去当城阳王，将淮南国故地分给了原淮南王刘长的三个儿子。

刘喜的城阳王头衔是从父亲刘章那里继承来的，而刘章正是剪除诸吕之乱的始作俑者，是文帝最为忌惮的齐王三兄弟之一。城阳王的所谓城阳，是从原本的齐国割裂出来的城阳郡。汉文帝为了分化瓦解齐国的实力，不可不谓用心良苦。刘喜复位之后，齐国再遭分割，一分为六。这正是贾谊"众建诸侯而少其力"的方案，名义上让齐悼惠王刘肥在世的六个儿子雨露均沾：刘辟光封济南王，刘贤封菑川王，刘雄渠为胶东王，刘卬为胶西王，刘将闾为齐王，刘志为济北王。

交代一句后话：景帝时代爆发"七国之乱"，这些人都有自己的戏份。

这一年里，似乎万象更新，汉帝国从此迈上了一个新的台阶。到了秋天，政坛新秀新垣平再放异彩，精心布了三个局。

精心布局

原文：

秋，九月，新垣平使人持玉杯上书阙下献之。平言上曰："阙下有宝玉气来者。"已，视之，果有献玉杯者，刻曰"人主延寿"。

平又言："臣候日再中。"居顷之，日却，复中。于是始更以十七年为元年，令天下大酺。

某天，新垣平向文帝禀报，说皇宫外有宝玉之气。文帝派人去看，果然遇到有人拿着玉杯到皇宫献宝，玉杯上还刻着"人主延寿"四个字。

新垣平还做出了一个更加惊人的预言，说一会儿会发生"日再中"的天象，太阳在正午之后会倒退走，再次到达中天的位置。当天正午，太阳的运行轨迹完美符合了新垣平的预言。

文帝又惊又喜，下诏在明年改元，特准全国聚会畅饮，普天同庆。

这是文帝前十六年的事情，下一年就不叫前十七年了，而叫后元年，或者后元元年。"后"是史家的追书，当时改元之后直接就叫元年，就像"日再中"一样。因为有了"后元"，所以相应地把"后元"以前汉文帝在位的十六年称为"前元"，不然不易区分。《史记·封禅书》有载："其后三年，有司言，元宜以天瑞命，不宜以一二数。一元曰建，二元以长星曰光，三元以郊得一角兽曰狩云。"从这段史料推断，汉文帝、汉景帝时代的前元、后元都是按数字编排的，即为了区别文帝十七年之前和之后的编年，当时的人们应该是把前一个元年称为"一元"，后一个元年称为"二元"，到了汉武帝以后则改称为"前元"和"后元"。

新垣平布的这两个局当中，玉杯事件不需要多高明的手法，无非是安排一个同伙，算好时间打配合罢了，但"日再中"这种事怎么做得到呢？传说当年燕太子丹在秦国当人质，嬴政存心刁难他，说除非"日再中，天雨粟，乌白头，马生角……"只要这些不可能的事情通通发生，就放太子丹回国。（《论衡·感虚》）"日再中"既然是这种级别的不可能事件，到底是怎么发生的呢？有人认为是新垣平施展了幻术

（［宋］钱时《两汉笔记·卷三》），但朴素一点推测，新垣平也许只是买通了测量日影的技术人员，报告了太阳运行轨迹的微小变动。总不可能真的等到下午太阳偏西了，来一场人人肉眼可见的"日再中"吧。

周鼎重现

原文：

平言曰："周鼎亡在泗水中。今河决，通于泗，臣望东北汾阴直有金宝气，意周鼎其出乎！兆见，不迎则不至。"于是上使使治庙汾阴，南临河，欲祠出周鼎。

新垣平再接再厉，安排了一场更加盛大的表演，要使周鼎重现人间。

周鼎是周朝象征着最高权力和天命所归的礼器，一套九个，传说是大禹铸造的，合称九鼎，常年被野心家觊觎。

早在春秋年间，楚庄王向周定王的使者打听九鼎的大小轻重，留下了"问鼎"这个典故。到了战国时代，秦武王挑战体能极限去举周鼎，被鼎砸伤，不治而死。第一辑里讲过，关于九鼎的下落存在着种种不同的说法。一种说法是随着周王室的灭亡，九鼎被运到秦国去了。另一种说法是九鼎沉入了彭城旁边的泗水，后来秦始皇出巡经过彭城的时候，组织过一次大规模打捞周鼎的工程，但一无所获。司马迁自己也搞不清哪种说法才对，照例疑者传疑。后来有人弥合了这个矛盾，说秦国当初运走九鼎的时候，有一只鼎自己飞到泗水里了，所以秦国并没有得到全套的九鼎。这个说法貌似荒诞不经，其实意味深长。它暗示所谓九鼎就像全套的法器，必须凑齐才能发挥效用，秦朝虽然一统天下，但因为没有天命的加持，所以注定短命。[1]

假如可以让周鼎重见天日的话，不管是一只还是全套，都等于给汉文帝的统治合法性加了一个强有力的背书。这样的诱惑，汉文帝怎么可能不动心呢？作为所谓望气大师，新垣平说自己看出来汾阴地带有金宝气，推算之下不难知道，这个金宝气所对应的宝物应该就是当年不知所终的周鼎。周鼎当年沉入泗水了，前不久黄河决口，直通泗水，看来会把周鼎冲到汾阴。一番话合情合理，扣人心弦，于是汉文帝派人去汾阴修庙祭拜，期待着周鼎现身。

---

[1] 详见《资治通鉴熊逸版》（第一辑）第216讲。

骗术败露

原文：

（后元年）

冬，十月，人有上书告新垣平"所言皆诈也"，下吏治，诛夷平。

是后，上亦怠于改正、服、鬼神之事，而渭阳、长门五帝，使祠官领，以时致礼，不往焉。

依常理推断，新垣平应该早就安排同伙伪造了周鼎，就藏在汾阴，等待着恰当的时机。布这样一个局理论上讲并不算太难，却没想到人算不如天算，转过年来，文帝后元年（前163年），冬十月，新纪元的第一个月，就有人上书检举新垣平行骗。

就这样，新垣平忽然间从巅峰跌落深谷，落得个满门抄斩的结局。而"周鼎到底还会不会出现"这件事还有下文。时过境迁，汉武帝执政期间，汾阴当真迎来了祥瑞：一名巫师误打误撞地发现了新垣平的藏宝，然后顺利通过了官方审查——当然，他一点也不亏心。新垣平付出了自己的生命和名誉，完成了一场惊人的行为艺术表演。[1]

新垣平骗术的败露给了汉文帝极大的打击,从此以后,文帝对改正朔、易服色、事鬼神这类事情就兴味索然了。已经建成的五帝祭坛不能拆,那就勉强应付一下,派专人管理,按时祭祀,文帝本人再也没去过。

我们知道,文帝即位伊始就废除了族刑,他还曾在诏书里明确表态,刑罚只应当及于违法者本人,不应当牵连无辜的家属和亲戚,[2]怎么才一改元,其他万象更新的事情还没做,就先把族刑恢复,用在新垣平身上了?真相已经无从考证。也许汉文帝实在恨新垣平恨到牙根发痒,于是法外施行,也许真的恢复了族刑连坐制度,反正这种手段在帝制时代终归是少不了的。

张皇后过世

原文:

春,三月,孝惠皇后张氏薨。

---

[1] 详见《资治通鉴熊逸版》(第一辑)第216讲。
[2] 详见《资治通鉴熊逸版》(第三辑)第213讲。

春三月，汉惠帝的张皇后过世。我们已经很久没听到这位张皇后的消息了。她是鲁元公主和赵王张敖的女儿，吕后的外孙女，汉惠帝的外甥女。当年吕后为了亲上加亲，弄出来这样一桩婚事，但张皇后没能生下一儿半女。诸吕之乱以后，张皇后虽然幸存下来，但被幽禁深宫。第三辑里讲过，史家书法，张皇后的死亡应该称"崩"，之所以由"崩"降格为"薨"，胡三省注引张晏的解释，说这是因为张皇后属于诸吕一党。《汉书》用"幽废"两个字概述了张皇后的结局，尊贵的头衔被无情地褫夺，一直生活在软禁之中，默默地熬到油尽灯枯。在吕后的血脉中，惠帝一系与鲁元一系全部凄凉收场。任凭吕后是如何不世出的女强人，又如何机关算尽，终归无力护子孙周全。[1]

《文帝议佐百姓诏》

原文：

诏曰："间者数年不登，又有水旱、疾疫之灾，朕甚忧之。愚而不明，未达其咎：意者朕之政有所失而行有过与？乃天道有不顺，地利或不得，人事多失和，鬼神废不享与？

---

[1] 详见《资治通鉴熊逸版》（第三辑）第210讲。

何以致此？将百官之奉养或废，无用之事或多与？何其民食之寡乏也？夫度田非益寡，而计民未加益，以口量地，其于古犹有余；而食之甚不足者，其咎安在？无乃百姓之从事于末以害农者蕃，为酒醪以靡谷者多，六畜之食焉者众与？细大之义，吾未得其中。其与丞相、列侯、吏二千石、博士议之；有可以佐百姓者，率意远思，无有所隐！"

本年度的最后一桩大事，是汉文帝颁布了一道诏书，洋洋洒洒好多话，文采斐然，以至于后来被收入了《古文观止》，题目叫《文帝议佐百姓诏》。归纳其中心思想，其实只有一句：粮食都去哪儿了？

是的，又是粮食问题。这些年翻来覆去的，总是纠缠在粮食问题上。汉文帝表示很困惑，说近年来虽然有水旱之灾，农作物歉收，但粮食也不该这么少啊。是因为自己执政有失误吗，还是没能尽地利、得人和？又或者有该祭祀的鬼神没去祭祀？

当然，在经历过新垣平事件之后，汉文帝应该是不信这些说辞的，他只是有必要摆出这样一种姿态。下面这些疑惑就接地气了：是不是给官员们的俸禄太高了，没用的事情做得太多？计算一下耕地的总面积，并不比以前少，人口也没见增加，人口所对应的耕地比古时候更宽裕，但粮食还是不够，问题到底出在哪儿呢？是不是百姓当中经商的人太多了，种田的人因此就少了？是不是酿酒浪费了太多粮食，又或者有太多粮食喂了牲畜呢？这些问题，朕希望能跟丞相、列侯、二千石的官员和博士官们好好讨论一下。谁有好的意见请尽情发言，不要有什么顾忌。

诏书的内容看上去特别温和，拳拳爱民之心溢于言表，但话里话外其实是在责备政府官员不尽责。在当时的政治结构里，这样一道诏书相当于对丞相张苍说了一句悄悄话："老东西你识相一点好不好？赶紧谢罪辞职，别等着被开除，大家脸上都不好看。"

前年黄龙现身的时候，文帝就已经敲打了丞相张苍一次，没想到张苍装聋作哑。如今文帝在诏书里都把话挑得这么明了，张苍该怎么办呢？老办法，继续装聋作哑。

不过我们读这道诏书，会感到很费解，为什么汉朝开国这么多年，哪怕只看文帝执政，也有十几年了，怎么可能耕地和人口都没有增加呢？如果文帝没有夸大其词的话，大概率是有相当多的原属于汉政府的耕地被大地主兼并，并且瞒报了，还有相当多的编户齐民脱离了户籍，要么变成佃农，要么沦为奴婢了。

汉文帝后二年

017
张苍罢相是怎么回事

文帝之子

原文:

(后二年)

夏,上行幸雍棫阳宫。

六月,代孝王参薨。

文帝后二年(前162年),夏二月,汉文帝去了一趟雍城棫阳宫,这不算什么重要的事。六月,代王刘参过世,定谥号为"孝"。刘参是汉文帝的亲生儿子。汉文帝一共有八个儿子。早年做代王的时候,他和大概率是吕氏女的原配夫人生了四个儿子。这母子五人很离奇地都死掉了。文帝登基之后，立窦氏为皇后。窦氏生了两个儿子，哥哥刘启是太子，也就是后来的汉景帝；弟弟刘武是窦皇后最疼爱的小儿子。刘参和刘揖都是其他女人生的。刘揖受封梁王，文帝派贾谊做了他的太傅，没想到刘揖骑马摔死了。如今刘参一死，汉文帝在世的儿子就只剩下窦皇后所生的刘启和刘武了。以汉文帝这样的血统和身份，八个亲生儿子竟然只活下来两个。而窦皇后出身寒微，两个亲生儿子竟然都能好好地长大成人，也许只能说窦皇后命太好吧。

对于窦皇后而言，汉帝国将来就是她这两个亲生儿子的；而对于汉文帝来说，亲生儿子只剩下两个，等太子刘启继承帝位，可靠的诸侯王就只有刘武一个了。刘参虽然后继有人，但毕竟隔了一辈。

恢复和亲

原文：

匈奴连岁入边，杀略人民、畜产甚多；云中、辽东最甚，郡万余人。上患之，乃使使遗匈奴书。单于亦使当户报谢，复与匈奴和亲。

这一年里，最让汉文帝操心的是匈奴问题。自从双方翻脸之后，匈奴连年发动进攻，深入边塞，杀人越货无数。汉帝国以云中郡、辽东郡受害最严重，每一郡的折损都在万人以上。晁错"徙民实边"和"入粟拜爵"的方案就算真是长治久安之计，在匈奴如此接二连三的重拳之下，终归解不了燃眉之急；而冯唐虽然"持节云中"，让云中郡守魏尚官复原职，但云中郡依然成为受害最大的两个边郡之一。辽东郡远在东北，可见汉帝国的北部边境实在太长，防守起来难免左支右绌。

这时候最能显露汉文帝的领袖风范：实在打不过，那就认尿吧，输得起，重新把和亲提上日程好了。老上单于欣然接受。中断了若干年的和亲大业就这样恢复如初了。

张苍罢相

原文：

八月，戊戌，丞相张苍免。

当年八月，丞相张苍终于辞职了。

从《资治通鉴》的措辞来看，张苍是被免职的，但如果追溯到《史记·张丞相列传》，张苍是称病辞职的。当然，称病辞职应该只是维护脸面的说法。从公孙臣上书论证汉帝国为土德开始，汉文帝就表现出很强的踢开张苍的意图，但不管文帝怎么暗示，张苍始终赖着不走。老人家反正都九十多岁高龄了，拿出滚刀肉的姿态一躺，文帝就是没辙。这一次，文帝又抓了张苍一个用人不当的罪过，可算是摆脱了这位黏糊糊的大元老。

皇帝罢免丞相，有这么难吗？这件事如果放在刘邦时代，或者汉武帝时代，一点都不难，但在汉文帝时代还真有点难。张苍既是刘邦时代的老臣，又对汉文帝有拥立之功，但凡能不翻脸就不翻脸。

张苍罢官之后的生活很值得一提。他老人家牙齿一颗不剩，怎么吃饭成了生死攸关的问题。普通人的想法是喝粥，喝肉汤，但他并没有。张苍的办法是喝人奶。张苍如此长寿，也不是因为生活特别自律，他的妻妾足有几百人。罢官之后，他在家里好端端地又活了几年，把汉文帝都熬死了，一直活到汉景帝时代，活了一百多岁。司马迁特意记了一笔张苍的天赋异禀：他家从父亲到儿孙都是矮个子，只有他一个大高个儿。（《史记·张丞相列传》）

原文：

帝以皇后弟窦广国贤、有行，欲相之，曰："恐天下以吾私广国，久念不可。"而高帝时大臣，余见无可者。

现在摆在汉文帝面前的问题是：该用谁来接替张苍呢？

汉文帝这几年为了请张苍下台可谓煞费苦心，竟然此时还没确定丞相职位的接班人选，实在不可思议，所以这很可能是他故作姿态。文帝心仪的是窦皇后的弟弟窦广国，但担心天下人误以为自己任人唯亲。如果不用窦广国，遵循传统再找一位刘邦时代的元老，又老成凋零。文帝左右为难。

汉文帝心中的最佳候选人窦广国，字少君，四五岁的时候被人贩子拐卖，转卖了十几家，最后被卖到宜阳当奴隶，为主人家"入山作炭"。后来机缘巧合之下，窦广国寻到了失散多年的姐姐，转眼间逆转了命运。[1] 窦皇后还有一个哥哥。当时诸吕之乱刚刚结束不久，老臣们对外戚天然就不放心，生怕窦氏兄弟将来成为吕产、吕禄的翻版。为了防患于未然，他们赶紧给窦氏兄弟挑选优秀的老师，加强对两兄弟的思想品

---

[1] 详见《资治通鉴熊逸版》（第三辑）第215讲。

德教育，并安排很多君子长者在他们身边。这种策略既不会引起窦氏的反感，又扎扎实实地达到了预期效果——窦氏兄弟从此成为谦谦君子，不敢以尊贵骄人。[1]

窦广国这样一个自幼做苦工的奴隶和文盲，成年之后才开始受教育，十几年间成长为德才兼备、配得上丞相职位的人物，堪称奇迹。然而，汉文帝犹豫再三，终究觉得任用窦广国不太合适，还是得从高帝旧臣当中去选。从这一点我们可以看出，汉文帝的统治基础并不太牢固。对比一下汉武帝，不管大舅子、小舅子，想用谁就用谁，还都用得得心应手。

申屠嘉为相

原文：

御史大夫梁国申屠嘉，故以材官蹶张从高帝，封关内侯；庚午，以嘉为丞相，封故安侯。

嘉为人廉直，门不受私谒。

汉文帝最后选中的是御史大夫申屠嘉。申屠嘉曾经追随刘邦打过项羽，又打过黥布，以军功受封关内

---

[1] 详见《资治通鉴熊逸版》（第三辑）第216讲。

侯。他是一个很纯粹的武将，却又不像周勃那样虽然没文化，但威望特别高。按说申屠嘉并不是做丞相的材料，但高帝旧臣当中实在无人可用了，申屠嘉刚好现任御史大夫，顺势上个台阶就是丞相。

申屠嘉为人廉洁刚正，从来不在家里待客。但他之所以有这个做派，是因为他以前是御史大夫，主管监察，所以才特别需要避嫌，做了丞相就不是很有这个必要了。但没办法，习惯成自然。司马光做宰相就很有申屠嘉的风范。当然，效果很糟糕。

原文：

是时，太中大夫邓通方爱幸，赏赐累巨万；帝尝燕饮通家，其宠幸无比。嘉尝入朝，而通居上旁，有怠慢之礼。嘉奏事毕，因言曰："陛下幸爱群臣，则富贵之；至于朝廷之礼，不可以不肃。"

上曰："君勿言，吾私之。"罢朝，坐府中，嘉为檄召通诣丞相府，不来，且斩通。通恐，入言上；上曰："汝第往，吾令使人召若。"通诣丞相府，免冠、徒跣，顿首谢嘉。

嘉坐自如，弗为礼，责曰："夫朝廷者，高帝之朝廷也。通小臣，戏殿上，大不敬，当斩。吏！今行斩之！"通顿首，首尽出血，不解。上度丞相已困通，使使持节召通而谢丞相："此吾弄臣，君释之！"

邓通既至，为上泣曰："丞相几杀臣！"

申屠嘉在朝的时候，正值邓通得宠。汉文帝对邓通"赏赐累巨万"，总之是不断给他巨额赏赐。某一天申屠嘉入朝，看见邓通站在文帝身边，一副小人得志的嘴脸。申屠嘉看不惯，劝文帝说："您养宠臣没关系，赐给他富贵也就是了，但朝廷的礼仪不可以亵渎。"

文帝答道："您不必多讲，我回头私下告诫他。"申屠嘉也不废话，回到丞相府，派人拿正式公文召邓通入府，交代清楚，不来就杀。邓通这才领教了丞相的权威，被吓得魂飞魄散，急慌慌进宫找文帝求援。文帝说："没事的，你先去，我一会儿派人叫你回来。"邓通只好壮着胆子来到丞相府，免冠，赤脚，顿首谢罪。

申屠嘉端坐自如，一点不给邓通面子，斥责邓通说："朝廷是皇帝的朝廷，你邓通一介小臣也敢在朝廷上戏耍？这是大不敬之罪，当斩。"申屠嘉转头对身边的官吏说："现在就把他斩了！"生死关头，邓通磕头如捣蒜，满头是血，但申屠嘉始终不松口。就在这个时候，文帝估摸着时间派使者来了。使者代表皇帝召见邓通，同时代表皇帝向丞相谢罪道："邓通只是我的弄臣而已，您就饶了他吧。"

邓通再次见到文帝的时候，大概有恍如隔世的感觉吧，边哭边说："丞相差一点就把我杀了！"

这段记载着重呈现的是申屠嘉的行事风格，不过有一处细节特别引人深思，那就是邓通"赏赐累巨万"，不断得到巨额赏赐。然而，汉文帝一直以勤俭的形象示人。《史记》记载，文帝在位二十三年，宫室、苑囿、狗马、服饰、车驾都没有增加过。某次他想兴建一座露台，一看报上来的预算要"百金"，修这座露台的成本相当于十户中等人家的家产总和，就放弃了。文帝一家人平时穿的衣服也不华贵，修陵园尽用瓦器，不用贵金属。(《史记·孝文本纪》) 如果申屠嘉和邓通这段记载属实的话，就意味着文帝花钱其实也有大手大脚的一面，只不过没用在自己身上，而是赏给男宠了。

汉文帝后三年至七年

018
汉文帝到底是个怎样的君主

原文:

(后三年)

春,二月,上行幸代。

是岁,匈奴老上单于死,子军臣单于立。

(后四年)

夏,四月,丙寅晦,日有食之。

五月,赦天下。

上行幸雍。

(后五年)

春,正月,上行幸陇西。三月,行幸雍。秋,七月,行幸代。

接下来的三年,《资治通鉴》的记载非常简略,都是不算太重要的事件。

首先是文帝后三年(前161年),两件事可以一带而过:一是文帝巡幸代国,二是匈奴老上单于过世,由儿子军臣单于继位。我们需要留意的是,汉帝国新君继位可以休养生息,太平无事,但匈奴新单于继位,则很有必要赶紧立威,等安定了内部之后,就需要打几个胜仗,抢几轮战利品了,所以汉帝国的边患又近了。

文帝后四年(前160年),日食,大赦,文帝出巡。

文帝后五年(前159年),文帝继续出巡。

细柳营

原文:

(后六年)

冬,匈奴三万骑入上郡,三万骑入云中,所杀略甚众,烽火通于甘泉、长安。以中大夫令免为车骑将军,屯飞狐;故楚相苏意为将军,屯句注;将军张武屯北地;河内太守周亚夫为将军,次细柳;宗正刘礼为将军,次霸上;祝兹侯徐厉为将军,次棘门;以备胡。

上自劳军，至霸上及棘门军，直驰入，将以下骑送迎。已而之细柳军，军士吏被甲，锐兵刃，彀弓弩持满，天子先驱至，不得入。先驱曰："天子且至！"军门都尉曰："将军令曰：'军中闻将军令，不闻天子之诏。'"

文帝后六年（前158年），匈奴大举南下，三万人攻入上郡，三万人攻入云中郡，杀人越货无数，连甘泉宫和长安城都看得到烽火。文帝调兵遣将，严防死守。

长安周边设置有三座军营：宗正刘礼驻军霸上，祝兹侯徐厉驻军棘门，河内郡守周亚夫驻军细柳。文帝亲自劳军，先到霸上和棘门。主将一听说皇帝驾到，赶紧大开辕门，列队恭迎。文帝的车队浩浩荡荡穿过军营，如入无人之境。但等文帝最后来到细柳营，画风忽然变了：壁垒森严，鸦雀无声，皇帝的先遣车队竟然被门岗拦住了。门岗负责人说："军中只服从将军号令，皇帝的诏书在这儿不管用。"

原文：

居无何，上至，又不得入。于是上乃使使持节诏将军："吾欲入营劳军。"亚夫乃传言："开壁门。"壁门士请车骑曰："将军约：军中不得驰驱。"于是天子乃按辔徐行。至营,将军亚夫持兵揖曰:"介胄之士不拜,请以军礼见。"天子为动,改容,式车,使人称谢:"皇帝敬劳将军。"成礼而去。

既出军门,群臣皆惊。上曰:"嗟乎,此真将军矣!曩者霸上、棘门军若儿戏耳,其将固可袭而虏也。至于亚夫,可得而犯耶!"称善者久之。月余,汉兵至边,匈奴亦远塞,汉兵亦罢。乃拜周亚夫为中尉。

不但皇帝的诏书不管用,皇帝亲自来了也不管用。文帝只好派人拿着使节求见周亚夫,讲清来历,周亚夫这才下令开门放行。营垒的大门打开了,但又有军官过来叮嘱:"将军有令,军营之内不得驱驰。"

文帝的车驾压住速度,缓缓入内。等见到周亚夫,周亚夫手持兵刃,仅仅向文帝作了个揖,说自己甲胄在身,请以军礼相见。揖而不拜,意味着宾主双方身份相当,这可有点大不敬的意思了。但文帝深受触动,脸色都庄重了起来,扶着车厢前边的横木向周亚夫还礼,派人传话,表达劳军的意思。仪式完成后,告辞离去。

随行人员都感受到了前所未有的震撼,没想到一名将军竟然这样对待皇帝,接下来一定会龙颜震怒吧。但没想到,文帝说:"天啊,这才是真正的将军!相比之下，先前看到的霸上、棘门的军营如同儿戏。如果敌军发动突袭，那两位将军注定只有当俘虏的份儿。周亚夫就不一样了，谁能撼动他的军营呢！"

文帝对周亚夫留下了极为深刻的印象。而随着汉帝国大军屯驻边境，匈奴见好就收，汉军也就撤了。但周亚夫从此被文帝看重，拜为中尉。"细柳营"也从此成为一则掌故，反反复复被文人骚客赞叹、吟咏。这段记载出自《史记·绛侯周勃世家》，周亚夫正是周勃之子，绛侯爵位的继承人。

周亚夫看相

从周亚夫的人生轨迹，我们可以窥探到当时高干子弟的出路。周亚夫并不是周勃的嫡长子，原本没有资格继承绛侯爵位，但他也混得不错，做了河内郡守，算是封疆大吏了。

《史记》记载了一个神奇的故事。在周亚夫担任河内郡守的时候，相术大师许负为他看相，对他说："您在三年之后会封侯，封侯八年之后会贵为将相，一人之下，万人之上，再过九年，您会饿死。"预言过于荒唐，周亚夫不禁笑了："我哥哥已经继承了父亲的爵位，就算我哥哥死了，爵位也该由他的儿子继承，怎么都轮不到我。再说了，我将来如果真的像您所言那样大富大贵，怎么可能以饿死收场呢？"许负指着周亚夫的嘴，说道："有纵向的纹理深入您的嘴里，这就是饿死的面相。"结果，三年之后，周勃的嫡长子周胜之因为有罪被废掉爵位，文帝要为周勃挑选一个继承人，大家都推荐周亚夫。于是文帝封周亚夫为条侯，继承了周勃的衣钵。(《史记·绛侯周勃世家》)

今天来看，许负的看相神术自然只是后人的附会，但周亚夫有才干，有人望，代替周胜之成为周勃的继承人，这是毋庸置疑的。

原文：

夏，四月，大旱，蝗。令诸侯无入贡；弛山泽，减诸服御，损郎吏员；发仓庾以振民；民得卖爵。

当年四月，爆发旱情和蝗灾，文帝发布了一系列的惠民政策，共克时艰。

文帝遗诏

原文：

（后七年）

夏，六月，己亥，帝崩于未央宫。遗诏曰："朕闻之：盖天下万物之萌生，靡不有死。死者，天地之理，万物之自然，奚可甚哀！当今之世，咸嘉生而恶死，厚葬以破业，重服以伤生，吾甚不取。且朕既不德，无以佐百姓；今崩，又使重服久临，以罹寒暑之数，哀人父子，伤长老之志，损其饮食，绝鬼神之祭祀，以重吾不德，谓天下何！朕获保宗庙，以眇眇之身托于天下君王之上，二十有余年矣。赖天之灵，社稷之福，方内安宁，靡有兵革。朕既不敏，常惧过行以羞先帝之遗德，惟年之久长，惧于不终。今乃幸以天年得复供养于高庙，其奚哀念之有！其令天下吏民：令到，出临三日，皆释服；毋禁取妇、嫁女、祠祀、饮酒、食肉；自当给丧事服临者，皆无跣；绖带毋过三寸；毋布车及兵器；毋发民哭临宫殿中；殿中当临者，皆以旦夕各十五举音，礼毕罢；非旦夕临时，禁毋得擅哭临；已下棺，服大功十五日，小功十四日，纤七日，释服。他不在令中者，皆以此令比类从事。布告天下，使明知朕意。霸陵山川因其故，毋有所改。归夫人以下至少使。"乙巳，葬霸陵。

文帝后七年（前157年），天大的事情终于发生了：文帝驾崩。

文帝留下遗诏，以身作则，丧事和丧葬规格从简，希望可以用薄葬来扭转当时的厚葬风气。他还有一个重要的叮嘱：自己的女人里，从"夫人"以下直到"少使"，也就是除了窦皇后之外的女人，都打发出宫，各回各家。荀悦《汉纪》中的记载是："所幸慎夫人以下至少使，得令嫁。"（《汉纪·卷八·孝文下》）慎夫人是汉文帝生前最宠爱的女人，经常和窦皇后平起平坐，[1]但文帝一死，竟然连慎夫人都要出宫，想嫁给谁就嫁给谁。

六月七日，文帝入葬霸陵，一代英主终于走完了自己虽清净无为却操劳不止的一生。

原文：

帝即位二十三年，宫室、苑囿、车骑、服御，无所增益；有不便，辄弛以利民。尝欲作露台，召匠计之，直百金。上曰："百金，中人十家之产也。吾奉先帝宫室，尝恐羞之，何以台为！"身衣弋绨，所幸慎夫人衣不曳地；帷帐无文绣，以示敦朴，为天下先。治霸陵，皆瓦器，不得以金、银、铜、锡为饰，因其山，不起坟。吴王诈病不朝，赐以几杖。群臣袁盎等谏说虽切，常假借纳用焉。张武等受赂金钱，觉，更加赏赐以愧其心。专务以德化民，是以

---

[1] 详见《资治通鉴熊逸版》（第三辑）第222讲。

海内安宁，家给人足，后世鲜能及之。

《资治通鉴》最后有一段为汉文帝盖棺论定的话，原话出自《史记·孝文本纪》，后来被改写进了《汉书·文帝纪》，总之是表彰汉文帝仁爱、俭朴、不生事的统治风格，说在这样的统治风格之下，"海内安宁，家给人足，后世鲜能及之"。

死者为大，盖棺定论的时候总会为尊者讳，为贤者讳，浮夸是难免的。我们读纪传体的史书，帝王的本纪部分通篇围绕帝王本人做描写，对于那些名声较好的帝王，往往有好事就多讲，有坏事就少讲，总要给人家留点面子，所以我们无论是读《史记·孝文本纪》还是读《汉书·文帝纪》，读到最后的评论，都不会感到突兀。但是，我们读的是《资治通鉴》。一年年的大事件编排下来，我们就会生出疑惑："什么？就这样也叫'海内安宁，家给人足'？匈奴接二连三大规模犯境怎么说？晁错在奏疏里讲的农业问题和小农的生存状态又怎么说？"

盖棺论定

汉文帝虽然是一代明君，反反复复被后人称道，但也有看不惯他的。王安石就是一个。王安石有一首诗评价汉文帝：

> 轻刑死人众，丧短生者偷。
>
> 仁孝自此薄，哀哉不能谋。
>
> 露台惜百金，霸陵无高丘。
>
> 浅恩施一时，长患被九州。
>
> ——《汉文帝》

诗的大意是，文帝虽然废除肉刑，但好心办坏事，死的人反而更多了。遗嘱要求缩短为自己服丧的时间，虽然出于节俭不扰民的好心，但这样的安排容易败坏世道人心，让孝道贬值。其他那些为了省钱不建露台、不为自己起高坟之类的，都只是零星的惠民之功，没什么用处。汉文帝政治的根本没搞好，为国家留下了天大的后患。在王安石看来，汉文帝差不多就是一个善良、节俭却不识大体的小农民，虽然算个好人，但算不得好皇帝。

今天来看，汉文帝执政期间，核心的政治难题只有一个，那就是坐稳皇位，并且把皇位稳稳当当地传给儿子。文帝根基浅，亲信少，几乎是孤家寡人，而他的周围，外有强藩，内有权臣，北境还有匈奴的威胁，就算不搞清净无为，对他而言也不存在雷厉风行这个选项。如果说真有什么"海内安宁，家给人足"的话，与其说是文帝施政的应有结果，不如说是权力斗争的副产品。

文帝的宽柔风格，在两件事上被凸显出来：一是吴王刘濞装病不来朝见，文帝非但不怪罪，反而赐给他茶几、手杖；二是张武等人受贿案发，文帝同样不加怪罪，反而多多赏赐，为的是让对方感到羞愧——你不是缺钱吗？用不着受贿，朕赏给你就是了。不过我们要注意的是，文帝并不是对谁都这样，而是看人下菜碟。吴王刘濞之所以装病，是因为文帝的太子把刘濞的太子失手打死了，以吴国的实力，足以使文帝忌惮。（《史记·吴王濞列传》）张武之所以被宽大处理，是因为张武身为文帝做代王时的旧臣，既是代国旧臣中帮助文帝得到皇位的第一功臣，也是文帝最亲的亲信。[1]

原文：

丁未，太子即皇帝位。尊皇太后薄氏曰太皇太后，皇后曰皇太后。

---

[1] 详见《资治通鉴熊逸版》（第三辑）第205讲。

九月，有星孛于西方。

是岁，长沙王吴著薨，无子，国除。

初，高祖贤文王芮，制诏御史："长沙王忠，其定著令。"至孝惠、高后时，封芮庶子二人为列侯，传国数世绝。

交代一下本年度的最后几件事情。

六月九日，太子刘启继位，就是汉景帝。文帝的母亲薄太后升级成太皇太后，皇后窦氏升级为皇太后。

九月，天空出现孛星，这是彗星的一种形态。[1]

最后一个异姓诸侯长沙王吴著过世，没有继承人，长沙国撤销。

汉文帝的时代到此结束，接下来就是汉景帝的舞台了。

---

[1] 详见《资治通鉴熊逸版》（第三辑）第121讲。

孝景皇帝上

汉景帝前元年

019
汉景帝登基后做了哪几件大事

这一讲开始进入汉景帝前元年（前156年）。景帝也改过元，而且比文帝多改了一次，所以景帝时代的编年有前元、中元、后元一共三个前缀。这当然很添乱，不过要等到汉武帝时代，才终于把年号这个问题解决掉。

上一年中，文帝的死和景帝的继位，都有很具体的日期。文帝死于六月七日，当天算第一天，数到第三天，也就是六月九日，景帝继位，这就是当时的继位规则。从六月九日到年底，虽然是景帝当政，但纪年不改，还算是文帝后七年。转过年来，新年伊始，才算作正式的景帝元年，这就是"逾年改元"的规矩。

宗庙大事

原文：

（前元年）

冬，十月，丞相嘉等奏："功莫大于高皇帝，德莫盛于孝文皇帝。高皇帝庙宜为帝者太祖之庙，孝文皇帝庙宜为帝者太宗之庙。天子宜世世献祖宗之庙，郡国诸侯宜各为孝文皇帝立太宗之庙。"制曰："可。"

元年伊始，头等大事，丞相申屠嘉领衔上奏，说高皇帝功劳最高，汉文帝德行最盛，所以高帝庙要定为太祖庙，文帝庙要定为太宗庙，每一任的天子都要祭祀太祖太宗，地方官和诸侯王要在当地兴建太宗庙。

《资治通鉴》的这段记载，让人完全抓不到重点，这是因为司马光对史料裁剪不当。我们有必要回到原始记载《史记·孝文本纪》看一看。《史记》收录了申屠嘉奏疏的全文，最关键的一句话是"诸侯王列侯使者侍祠天子，岁献祖宗之庙"。原文很难准确翻译，大意是说，诸侯王和彻侯再要祭祀太祖太宗的话，就不能由本人主持祭祀了，只能陪着皇帝祭祀，或者派出代表陪着皇帝祭祀。这是周礼的规矩，是宗法制度的严格要求。

皇帝的庙号、谥号都是怎么回事，在第三辑里详细讲过，[1]下面仅重点讲祭祖背后的政治逻辑。我们今天提到庙，或者寺庙，第一反应是佛教僧侣修行拜佛的地方，而在佛教传入中国之前，庙是祭祖的地方，寺是政府办公厅。庙里供奉着祖先牌位，庙该怎么立，牌位该怎么拜，有一大套规矩。汉朝开国时，是一片彻彻底底的文化沙漠，在宗庙问题上有点乱来。

汉代立庙

按理说，在先秦传统中，宗庙应该只有一个，建在国都，但汉朝扩大了规模。

刘邦过世的时候，要求诸侯王都在各自的国都为太上皇立庙。惠帝即位以后，再一次扩大了宗庙规模，要求天下各郡、各诸侯国都为刘邦立庙。此举极大地增加了刘邦的曝光度，使天下人都能感受到这位开国皇帝的影响力。每一座庙都是一个公共礼仪的核心，向帝国的各个角落施加着精神控制力，塑造着普罗大众对皇权和国家的认同。[2]

---

[1] 详见《资治通鉴熊逸版》（第三辑）第79讲。
[2] 详见《资治通鉴熊逸版》（第三辑）第233讲。

然而，这样的安排埋下了一个严峻的政治隐患：周代的祭祀规范中，只有天子才有资格祭祀始祖，但现在各郡国都能在当地祭祀刘邦，这至少意味着每一位诸侯王都有当天子的资格。如果由着诸侯王和地方官直接祭祀刘邦的话，他们岂不是可以和皇帝平起平坐了？这是动乱的隐患，既然认识到了，就必须赶紧铲除。当然，上奏的申屠嘉是个大老粗，这个方案一定是精通儒学的人给他出的。

要理解这段历史，我们还必须面对一个前置性的问题：关于汉景帝时代的历史，目前最原始的史料是《史记·孝景本纪》，但是，《孝景本纪》到底是真是伪，自古以来争议不决——有说是司马迁的真迹，有说是褚少孙的补作，有说是王莽时代的文人创作，有说是无名氏根据《汉书》的内容改编。这就意味着，景帝一朝的历史有点可疑。真相究竟能不能浮出水面，我们现在还不得而知，只能依据现有的材料来理解景帝时代的风起云涌。

参照《汉书·景帝纪》，本年度《资治通鉴》漏掉了一桩大事，那就是春正月景帝下诏，准许逃荒。事情大概是这样的：连年饥荒，很多老百姓吃不上饭，却被编户齐民的政策困死在户籍所在地，这可触到了皇帝的泪点，他赶紧下诏，准许灾民离开户籍，到

有粮食的地方自行讨生活。（［清］王先谦《汉书补注·卷五·景帝纪》）

看到这道诏书，我们又该如何理解汉文帝时代所谓的"海内安宁，家给人足，后世鲜能及之"呢？

景帝革新

原文：

夏，四月，乙卯，赦天下。

遣御史大夫青至代下与匈奴和亲。

"夏，四月，乙卯，赦天下。"这条记载出自《汉书·文帝纪》，却删掉了一条内容："赐民爵一级"。新君即位，邀买人心、普天同庆已经是例行公事了，大赦要给，爵位也要给。尤其对于文帝、景帝这样根基不牢固的皇帝来说，诸侯王和大臣都靠不住，至少要把直辖区里的老百姓变成自己的政治基本盘。

外交关系上，指导方针依旧是以和为贵，所以赶紧安排和亲。

原文：

五月，复收民田半租，三十而税一。

> 初，文帝除肉刑，外有轻刑之名，内实杀人；斩右止者又当死；斩左止者笞五百，当劓者笞三百，率多死。是岁，下诏曰："加笞与重罪无异；幸而不死，不可为人。其定律，'笞五百曰三百，笞三百曰二百。'"

五月，租税减半，三十税一。按理说这是惠民政策，但前文说过，文帝免除了全部田租。[1] 如果文帝当真免除了农户的全部田租，景帝还怎么可能租税减半呢？如果景帝可以租税减半，并且把税率定在了三十税一，那么不问可知，先前的田租一定是十五税一，不可能有别的情况。

一些学者之所以认为文帝完全免除农业税仅仅针对文帝前十三年（前167年）当年，重要的证据之一就是这条史料。这场争论尘埃未定，我们就不去深究了。需要注意的有两点：第一，综合来看这一时期的各种政策，在文帝力行多年轻徭薄赋之后，景帝接手的国家已经显出国用不足的迹象，景帝就算再想邀买人心，也不得不提高税率，增发劳役。第二，从景帝这一次确定税率起，三十税一就被确定为汉帝国的常规制度。

---

[1] 详见前文第012讲。

景帝即位的第一年，进行了大刀阔斧的改革，又是改变庙制，又是调整农业税的税率，马上还有一道诏书会调整文帝时代制定的刑罚标准。文化沙漠有文化沙漠的好处，就是没有那么多条条框框。我们可以对照一下司马光的时代，新君即位应当"三年无改于父之道"，要做出一点点改变，都必须找一大堆的理论垫脚石。景帝就很简单，他向天下人明确表达态度：我爹没做对的事，我这个做儿子的要赶紧改过来。

那么，为什么要改刑罚标准呢？先前经过缇萦救父事件，汉文帝废除了肉刑，制定了一套更加人性化的标准，难道不好吗？问题出在，文帝的本意是减轻刑罚对人身的伤害，没想到适得其反——原本该处以肉刑的大多改成了笞刑，有笞三百的，有笞五百的，而当时执行笞刑，基本是用竹板抽打，三五百下抽打下来，没几个人还能活命，侥幸活下来的也不成人样了。所以《汉书·刑法志》评价这件事"外有轻刑之名，内实杀人"。

汉景帝注意到了这个问题，赶紧做调整，笞五百的减为三百，笞三百的减为二百。不过，我们很容易就能想到，不论法律条文是怎么规定的，只要刑具掌握在人的手里，可操作的空间就非常大。如果只是轻轻挠五百下，破一点皮，出一点血，人不会有事，但如果咬着后槽牙下重手，十几二十下就足以使人残废或死亡。所以若干年后，景帝又给出了详细规定——刑具要有怎样的生产标准，打要打在犯人身体的什么部位，诸如此类。但同样可想而知，这里面的可操作空间依然巨大。

人事任命

原文：

以太中大夫周仁为郎中令，张欧为廷尉，楚元王子平陆侯礼为宗正，中大夫晁错为左内史。仁始为太子舍人，以廉谨得幸。张欧亦事帝于太子宫，虽治刑名家，为人长者；帝由是重之，用为九卿。欧为吏未尝言按人，专以诚长者处官；官属以为长者，亦不敢大欺。

本年度最后一桩大事是几个重要岗位的人事任命：周仁就任郎中令，张欧就任廷尉，楚元王刘交之子刘礼就任宗正，晁错就任左内史。这几个岗位中，宗正管理皇族内务，必须由皇族里的长辈担任，除此之外，周仁、张欧和晁错一样，都是景帝做太子时的亲信。一朝天子一朝臣，最亲信的人总要安置在最核心的岗位上。

周仁和张欧在《史记》当中都有小传。周仁的特点有三个：一是寡言少语，心里特别藏得住事，对人对事从不表态；二是不贪；三是把自己搞得邋里邋遢，没有半点男性荷尔蒙气息，没人把他当男人看，所以能像宦官一样进出景帝的后宫。因此周仁做官做得顺风顺水，子孙也都当了大官。张欧只有一个特点：忠厚。张欧学的是刑名之学，当廷尉，负责全国的司法审判事务，算是专业对口。但他在任上，从来都以宽仁为怀。下属尊敬他是位忠厚长者，也不敢在大事情上欺瞒他。所以张欧的官场生涯也很顺遂，子孙同样都做了大官。(《史记·万石张叔列传》) 只有晁错，锐意进取，锋芒毕露，走出了截然不同的人生道路。

汉景帝前二年

---------- 020 ----------

晁错穿垣案是怎么化解的

原文：

（前二年）

冬，十二月，有星孛于西南。

进入景帝前二年（前155年），开年头一件事，就是有孛星出现在西南天空。孛星是彗星的一种，严格来说其实就是彗星。古代星象家不明白彗星的运行原理，仅仅根据彗星形态上的细微差异，把彗星细分为孛星、彗星、长星等。这一次孛星的出现，只是接下来一连串异常天象的开始，但在当时，应该并没有引起太多的关注。

原文：

令天下男子年二十始傅。

本年度出台的第一项政策是"令天下男子年二十始傅"。这句话到底应该怎么解释，历代学者各有各的看法。主流意见是：这里的"傅"，指的是登记在册，从此就有了为汉帝国服徭役和兵役的义务。在这一年之前，服役的标准年龄段是二十三岁到五十六岁，"年二十始傅"说明国家太缺人手了，把男丁的服役年龄提前了三年。

这个解释从字面上看倒是没有问题，但这仅仅是景帝即位的第二年，又是年初，于情于理总该出台一点惠民政策，哪怕只是做个姿态都好，怎么反而一下子普遍加重了老百姓的负担呢？所以有人认为，这项政策是针对人头税的，原本十五岁以上要交人头税，现在延迟了五年。（[清] 王先谦《汉书补注·卷五·景帝纪》）

大封皇子

原文：

春，三月，甲寅，立皇子德为河间王，阏为临江王，馀为淮阳王，非为汝南王，彭祖为广川王，发为长沙王。

春三月，景帝大封诸皇子：刘德为河间王，刘阏（è）为临江王，刘馀为淮阳王，刘非为汝南王，刘彭祖为广川王，刘发为长沙王。一天之内，把六个儿子全部封王，这是当务之急。

当皇帝和当村长有一个共性：儿子越多，优势越大。当年汉文帝就吃亏在这一点上，儿子不但少，成活率还特别低，以至于到了汉景帝登基的时候，亲兄弟就只有梁王刘武。不过这种局面对汉景帝反而有利，因为通常来说，兄弟都是竞争对手，所以越少越好，儿子才是自己的好帮手，越多越好。有一个局很难破解：在正常的继承关系里，现任皇帝的儿子总会成为下一任皇帝的兄弟，这就意味着，现任皇帝赖以心安的，却是下一任皇帝心生忌惮的。

汉景帝只有一个在世的兄弟，但汉景帝特别能生儿子。现在我们看到的是六个，但其实景帝一共有十四个儿子。这十四个儿子当中，除了后来继承皇位的汉武帝，另外十三个陆陆续续都封了王，《汉书》合称为"景十三王"。《史记》给这些诸侯王作传，标题是"五宗世家"，因为这十三个儿子是汉景帝分别跟五个女人生的，同一个母亲生的算作一个宗。

在第一批分封的六个诸侯王里，刘德、刘阏是栗姬生的，他们还有个大哥叫刘荣。刘荣没受封，很可能是因为景帝将来要立他为太子。刘馀、刘非是程姬生的，刘彭祖是贾夫人生的，刘发是唐姬生的。别人受封的都是好地方，唯独刘发受封的长沙是个蛮荒之地，这是怎么回事呢？

就在景帝刚即位还没有改元的那一年，长沙王吴著过世，没有继承人，长沙国就此撤销，于是在汉帝国的分封体系里就再也没有异姓诸侯了。那个时候，长沙国在人们的印象中属于偏远的南部边境，气候潮湿，是个越人盘踞的蛮荒之地。因此贾谊被调任长沙王太傅的时候，觉得天都要塌下来了。汉景帝恢复长沙国，让刘发去当长沙王，其间是有一段隐情的。

刘发的母亲唐姬原本只是程姬的侍女。某一天景帝召程姬侍寝，偏巧程姬正值生理期，不方便。按说后宫佳丽那么多，程姬拿正当理由推脱一下也就是了。但程姬没这么做，而是把自己的侍女唐儿打扮成自己的样子当差去了。景帝喝醉了酒，以为来的就是程姬，等到发觉换了人，已经一夜成孕，后来生的儿子就是刘发。唐姬不但身份卑微，更不得宠，连带着儿子刘发也比其他皇子矮了一头。等到分封的时候，诸皇子都有好去处，唯独刘发被打发到了长沙国。（《史记·五宗世家》）

若干年后，各位诸侯王来到长安朝见汉景帝，人人都载歌载舞为景帝祝寿。别人跳舞，肢体都是正常地大开大合，唯独长沙王刘发只是稍稍伸了伸胳膊，动作特别不到位。如此笨拙的舞姿，旁人看了都笑，景帝也很诧异，问他怎么了。刘发的回答堪称经典："臣国小地狭，不足回旋。"意思是说，我的封国太小了，转个身子都难，久而久之我的胳膊腿就伸展不开了。景帝听了这话，大概既无语，又亏心吧，赶紧给刘发增加了封国面积。(《史记集解》引应劭语)

原文：

夏，四月，壬午，太皇太后薄氏崩。

分封六位皇子之后，当年夏四月，太皇太后薄氏过世。这样一来，景帝的母亲窦太后就熬成了汉帝国最有权势的女人。

晁错穿垣

原文：

六月，丞相申屠嘉薨。时内史晁错数请间言事，辄听，宠幸倾九卿，法令多所更定。丞相嘉自绌所言不用，疾错。错为内史，东出不便，更穿一门南出。南出者，太上皇庙壖垣也。嘉闻错穿宗庙垣，为奏，请诛错。客有语错，错恐，夜入宫上谒，自归上。至朝，嘉请诛内史错。上曰："错所穿非真庙垣，乃外壖垣，故冗官居其中，且又我使为之，错无罪。"丞相嘉谢。罢朝，嘉谓长史曰："吾悔不先斩错乃请之，为错所卖。"至舍，因欧血而死。错以此愈贵。

六月，丞相申屠嘉也过世了。申屠嘉是高帝刘邦的旧臣，年纪应该不小，但他并不是自然死亡，而是被晁错活活气死的。

之前汉文帝拜申屠嘉为丞相，倚重的只是他的资历。像申屠嘉这种追随刘邦打过天下、立过军功的元老，只要供在朝堂上，就相当于给汉帝国这条船放上了一块压舱石。如今已经是汉景帝的时代了，申屠嘉其实应该做一道算术题，算算自己从高帝刘邦开始已经熬死了多少任皇帝——高帝、惠帝、前少帝、后少帝，还要加上一个吕后，然后是文帝。如果说人与人之间有代沟的话，他和景帝之间应该有着怎样无法逾越的代沟呢？

如果能想通这个关键，申屠嘉只要当好自己的政治吉祥物就可以了，但他偏偏是个性格刚毅、一丝不苟的老头子，在其位就必须谋其政。而就在上一年，景帝一口气提拔了周仁、张欧和晁错三名亲信，让他们官居要职。周仁和张欧倒还罢了，都不是张扬的角色，但晁错简直就是个会走路的小太阳，走到哪里就把万丈光芒带到哪里，让所有人都感到刺眼。当然，晁错可能不觉得自己招人讨厌，因为他是真诚的，心底无私天地宽，为皇帝，为国家，为千秋万代，他有数不清的政治蓝图渴望着付诸实施。

景帝一边不断忽略着申屠嘉的提案，一边对晁错言听计从。申屠嘉恨晁错，恨得咬牙切齿，而以晁错这样的为人，找他的纰漏并不难。晁错的职位是内史，因为内史府的大门朝东开，不方便，晁错就派人凿开了南面的一堵墙，给内史府开了一个南门。问题是，这面墙不是普通的院墙，而是太上皇庙的外墙。这种行径往严重了说，相当于刨了皇帝的祖坟。申屠嘉胜券在握，准备弹劾奏疏去了，却没想到有人把事情泄露给了晁错。

偏爱晁错

晁错被吓得不轻，连夜入宫向景帝说明情况。因此等到上朝的时候，景帝好整以暇，轻轻松松就化解了申屠嘉对晁错发出的致命一击。

景帝的说法是："晁错砸掉的又不是真正的庙墙，只是外墙而已，那里本来就是官员办公的临时场所。再说了，这事是朕让晁错干的，不怪他。"这个说辞其实也不算特别强词夺理，长安城里确实越来越拥挤了，又是宗庙，又是宫殿，又是官署。宗庙占地很大，里面有大量的空地。当时的内史府应该就建在太上皇庙外墙围起来的空地上。（杨宽《中国古代都城制度史研究》）如果不是因为对这种因陋就简的安排习以为常的话，晁错再怎么胆大包天，也不至于像没事人一样把太上皇庙的围墙砸了，给内史府开一个大门出来。

原本申屠嘉是想打晁错一个措手不及，给他扣上一个大不敬的罪名，没想到错失先机，一记重拳打在了棉花团上。申屠嘉恨自己没能先斩后奏，反被晁错小儿耍了。当天回到家，申屠嘉就开始吐血，吐着吐着竟然一命呜呼。

经此一役，晁错的地位越发尊贵起来。景帝对晁错的偏爱在后世招致了很多批评，因为事有凑巧，若干年后，景帝的亲生儿子临江王刘荣做了和晁错一样的事，被治罪下狱，自杀了。宋朝末年的理学家陈普在咏史诗里对照过这两件事：

宗庙谁开内史门，

临江依样又穿垣。

爱妻娇子如泥土，

晁错何知独悻恩。

——《咏史上·景帝》

陈普还给自己这首诗作了注，批评汉景帝不但同罪不同罚，而且对亲生儿子都能那么绝情，可见《汉书》对景帝的高评价纯属言过其实。

原文：

秋，与匈奴和亲。

八月，丁未，以御史大夫开封侯陶青为丞相。丁巳，以内史晁错为御史大夫。

秋天，汉帝国和匈奴和亲。这个时候，就没人想起晁错当年是怎么赞美汉文帝断绝和亲的了。

八月，提拔御史大夫陶青为丞相，接替申屠嘉；提拔晁错为御史大夫，接替陶青。晁错年纪轻轻，距离丞相的位置只有一步之遥。和平年代里文官平步青云的速度，晁错创下了一个新纪录。新任丞相陶青，还有后来的好几位丞相，在政治上都没什么建树。他们都是以彻侯继承人的身份进入官场的,父祖都是追随刘邦立过功、受过爵的人物。(《史记·张丞相列传》)在陶青担任丞相的时代,真正呼风唤雨的人是晁错。

021

梁园历史上有怎样的波澜和风雅

我们继续留在汉景帝前二年（前155年）。这一年，也许是巧合，就在晁错升任御史大夫，距离丞相高位只有一步之遥的喜庆时刻，异常天象接踵而至。

异常天象

原文：

彗星出东北。

秋，衡山雨雹，大者五寸，深者二尺。

荧惑逆行守北辰，月出北辰间，岁星逆行天廷中。

首先是彗星出现在东北天际。紧接着，衡山地区下了冰雹。下冰雹不算奇怪，但这次的冰雹不一样，个头有五寸（11.55厘米）大小，一落地就能砸出深坑，最猛的可以入地两尺（46.2厘米）。更要命的是，荧惑逆行，逗留在北辰天区；月亮偏离了正轨，也跑到了北辰天区；同时还有岁星逆行。

我们可以用一句话简单概括古代占星术的基本操作要领：仔细观察五大行星当中的哪一颗星，以怎样的姿态，经过哪一片天区。眼下的天象里，有两颗行星：一颗是荧惑，一颗是岁星。如果给占星术系统里的五大行星依据重要性做一个排名，那么它们就是毋庸置疑的第一名和第二名。

荧惑是火星，看颜色仿佛闪着红红的火光，运动轨迹变化莫测。人们越是觉得它与众不同，对它的恐惧感也就越强，所以荧惑向来被当成灾星。当荧惑在最重要的天区发生了最异常的运动，一定意味着在人世间，最核心的位置，最关键的人，要倒最大的霉。现在荧惑作怪的位置在北辰。北辰就是北极星。它的地位之高，可见孔子的名言："为政以德，譬如北辰，居其所而众星共（拱）之。"最高统治者就应该像北极星那样，在自己该在的位置上稳稳当当待着，不需要有任何动作，所有的大星星、小星星就会自动围着它转。

另一颗作怪的行星是岁星，也就是木星，作怪的位置叫作"天廷"，其实也是北极星一带，位于北斗七星以南，在三垣二十八宿系统里叫作太微垣，可以简单理解为皇宫在天空的映射。

看懂了这些天象,再联系到彗星竟然在当年出现了两次,先在西南,后在东北,如果我们是汉朝人的话,那我们一定会相信:汉景帝要倒大霉了,汉帝国的西南方向和东北方向要起战乱,政权岌岌可危。这种程度的异常星象在迷信占星术的时代里,几乎就相当于天上射下来一束绿光,直接射在汉景帝的头上,未央宫上方的黑云还拼成了一个大大的"衰"字。

黑云压城城欲摧,皇帝怎么可能察觉不到呢?

真假参半

从有限的史料来看,景帝确实毫无察觉。合理的解释是:很可能这些所谓的异常天象半真半假,掺杂了后人的附会。更何况,我们前文讲过,《史记·孝景本纪》本身就存在真伪之争。[1]《孝景本纪》的整体风格放在《史记》的十二本纪当中确实有点格格不入,满纸都是灾异,看不出我们刻板印象里的文景之治的色调。反而《汉书·景帝纪》的叙事风格朴实无华,灾异虽然也有,但只占很正常的比重,远没有《史

---

[1] 详见前文第019讲。

记·孝景本纪》记录的那么夸张。

当然，异常星象以及它们在占星术意义上的应验，《汉书》里有专门的《天文志》记载。但问题是，即便在《汉书·天文志》里，关于这一年的异常星象，和《史记·孝景本纪》的记载竟然也只有一条重合，那就是"彗星出西南"。

于是，一个大胆的推断呼之欲出：《资治通鉴》的这些记载出自《史记·孝景本纪》，而作为原始材料的《史记·孝景本纪》可能并不是司马迁亲笔。狗尾续貂的无名作者毫无司马迁的严谨求实精神，我们还是本着不可不信，又不可尽信的态度，姑妄听之好了。

梁园雅集

原文：

梁孝王以窦太后少子故，有宠，王四十余城，居天下膏腴地。赏赐不可胜道，府库金钱且百巨万，珠玉宝器多于京师。筑东苑，方三百余里，广睢阳城七十里，大治宫室，为复道，自宫连属于平台三十余里。招延四方豪俊之士，如吴人枚乘、严忌，齐人羊胜、公孙诡、邹阳，蜀人司马相如之属，皆从之游。每入朝，上使使持节以乘舆驷马迎梁王于关下。既至，宠幸无比，入则侍上同辇，出则同车，射猎上林中；因上疏请留，且半岁。梁侍中、郎、谒者著籍引出入天子殿门，与汉宦官无异。

本年度的大事件到这里其实就已经结束了，但是，《资治通鉴》在最后给梁王刘武做了一番特写，为下一年的"七国之乱"做铺垫。这段内容的原始材料来自《史记·梁孝王世家》。刘武死后谥号为"孝"，因此史称梁孝王。

刘武受封的梁国位居中原腹地，都城设在睢阳，也就是今天的河南商丘。就当时的局势而言，梁国扮演着给关中地区站岗的哨兵角色——无论东边的齐国一带叛乱还是东南的吴、楚一带叛乱，只要打不下梁国，就很难进军长安。景帝一母同胞的亲兄弟只有刘武一个，同父异母的兄弟都死光了，自己的儿子们都还太小，所以目前来看，梁王刘武是他唯一既亲近又靠得住的亲人。景帝很喜欢自己这个弟弟，窦太后更是很宠爱自己这个小儿子，所以刘武的梁国不但地盘大，良田多，而且朝廷给起赏赐来从不吝啬。刘武坐拥金山银山，钱该怎么花呢？有两个用项：一是大兴土木，扩建都城、营建园林之类，和当年的秦始皇一样；二是延揽天下英雄豪杰，和当年的战国四公子一样。按理说，这两个用项，只要占了其中任何一个，就一定会被皇帝猜忌。但兄弟情深，又有窦太后的偏爱，让刘武有了率性生活的底气。

刘武兴建的园林就是后世不断被人吟咏的菟（tù）园，也叫梁园。刘武经常和文人名士们一道在菟园里一边享受美食、美景，一边享受文学创作的乐趣。同游的人物有吴人枚乘、严忌，齐人羊胜、公孙诡、邹阳，蜀人司马相如，都是一时俊彦。这几个人里，枚乘、严忌、邹阳和司马相如都是在文学史上留名的人物；羊胜和公孙诡则是刘武倚重的智囊，他们之于刘武，有点像晁错之于汉景帝。

当时的天下诸侯中，吴王刘濞算得上"老钱"，梁孝王刘武只能算"新钱"。刘濞的吴国有着丰富的矿产资源，自己铸钱，自己煮盐，非常富裕，早就开始延揽天下名士了。那么枚乘、严忌等人为什么没有早早投奔吴王刘濞，反而跑到刘武那里做门客呢？

《汉书》给出了明确答案：邹阳、枚乘、严忌几人原本都在刘濞那里做官。后来，他们越看刘濞越不对劲，委婉地劝谏过，但刘濞不听。大家这才离开吴国，转而投奔梁国去了。（《汉书·贾邹枚路传》）

从这里，我们看到了一点战国时代的流风遗韵——当时的名士，如果要在诸侯国里讨生活，最为必要的基本功就是政治敏感度，免得一不小心就陷在是非之地里出不来。而诸侯王则应该认识到时代的转变，不要再搞战国时代延揽名士那一套。只不过刘濞和刘武这两位太特殊，而且钱又太多，不去买一堆人五人六的帮闲天天捧着自己，抬高自己的身价，还能怎么消费呢？

怀古伤今

梁王刘武就这样买人才，搞建设。提到梁国园林的营建规模，《资治通鉴》记载："为复道，自宫连属于平台三十余里。"这里的"宫"指的是刘武的住所，"平台"是新建的离宫景点。为了游玩方便，在两地之间修筑复道，长达三十余里。后来刘宋年间，谢惠连登平台赋雪，平台从此又名雪台。所以我们读历代诗歌，常常看到的梁园、平台、雪台这些词，都是梁孝王刘武留下来的文化遗产。李白游览梁园故地，写下《梁园吟》："我浮黄河去京阙，挂席欲进波连山。天长水阔厌远涉，访古始及平台间……"李白看到的是"梁王宫阙今安在，枚马先归不相待"，梁孝王刘武的宫殿已成陈迹，曾经陪同刘武在梁园吟咏的文学名士枚乘、司马相如也早已经作古了。

杜甫有一首《寄李十二白二十韵》，概括李白一生经历，开头就是我们熟悉的名句"昔年有狂客，号尔谪仙人。笔落惊风雨，诗成泣鬼神"，接下来很快就说到李白"醉舞梁园夜，行歌泗水春。才高心不展，道屈善无邻"。李白会在梁园醉舞，原因不难想到：梁孝王延揽名士，对人才极尽礼遇，李白却刚刚被唐玄宗赐金放还，来到梁园遗址怀古伤今，当然会有无穷的牢骚。

今天我们去商丘，会看到当地有个梁园区，下辖有个平台街道。该地的风光并没有什么特别，如果不知道这段历史的话，就连梁园区和平台街道这两个名字，我们都会觉得平淡无奇，想不到其间藏着怎样的波澜和怎样的风雅。实际上，中国历史上文人雅集的传统，应该正是由"梁园宾客"开创出来的。

而在两千年前，梁园虽好，梁王刘武却经常住在长安。《资治通鉴》记载，刘武每次到长安朝见的时候，景帝都会派遣特使，带着皇帝的仪仗队跑去函谷关接他。等到了长安，刘武进宫出宫都常常和景帝同车。哥哥舍不得弟弟，妈妈舍不得幺儿，刘武就这样破坏了诸侯王朝见之后要及时返回封国的规矩，在长安一住就是半年。刘武带来的梁国内侍进出皇宫，就和景帝的宦官一样。不过，刘武的这段经历，时间线很难梳理清楚，司马光既然把它安排在了景帝前二年

（前155年），我们也就不必深究了。我们只需要知道，刘武在所有诸侯王当中身份最特殊，最受景帝的倚重和窦太后的偏爱。

关系太亲了，尊卑就乱了，麻烦也马上就会到来。